AF193463

LA GENERACIÓN DE LA ESPERANZA

UNA PASTORAL DE ADOLESCENTES Y JÓVENES O ES VOCACIONAL O NO ES NADA

Delegación de
CATEQUESIS
Archidiócesis de Toledo

SEPAJU
DELEGACIÓN DE
PASTORAL JUVENIL
TOLEDO

P P C

© 2024, Delegación de Catequesis de la Archidiócesis de Toledo

© 2024, PPC, Editorial y Distribuidora, S.A.
   Parque Empresarial Prado del Espino
   Impresores, 2
   28660 Boadilla del Monte (Madrid)
   ppcedit@ppc-editorial.com
   www.ppc-editorial.es

ISBN: 978-84-288-4117-7
Depósito legal: M-989-2024
Impreso en España/ *Printed in Spain*

Queda prohibida, salvo excepción prevista en la Ley, cualquier forma de reproducción, distribución, comunicación pública y transformación de esta obra sin contar con la autorización de los titulares de su propiedad intelectual. La infracción de los derechos de difusión de la obra puede ser constitutiva de delito contra la propiedad intelectual (arts. 270 y ss. Código Penal). El Centro Español de Derechos Reprográficos vela por el respeto de los citados derechos.

Queridos sacerdotes, vida consagrada, catequistas, acompañantes de adolescentes y jóvenes, profesores de religión, padres de familias:

Me alegra mucho presentar este material que ofrecemos para revitalizar la pastoral de adolescentes y jóvenes en nuestra diócesis y que sirva de luz para otros lugares del mundo.

Un niño, adolescente, joven se acerca a Jesús para darle lo que tiene: sus panes y peces. Este es el gran misterio que queremos expresar en estos materiales. Son ellos los que nos están gritando: ¡Queremos ver a Jesús! No podemos mirar hacia otro lado. Hemos de ser muy fieles e ir a lo esencial para ofrecerles la vida de Jesús en la Iglesia.

Hay una gran preocupación ya constante en la pastoral de adolescentes y jóvenes: son muchas las ofertas que reciben y no está de moda seguir a Jesús en la Iglesia. Nosotros humildemente ofrecemos lo único que tenemos. Es Jesús que ha muerto y resucitado. Está vivo. Nos da vida y realiza en nosotros la conversión. Ofrecemos a Jesús que transforma la vida y es lo mejor que nos puede suceder. Esto es lo que vivimos en la anterior Jornada Mundial de la Juventud. Una Iglesia viva con Cristo vivo.

Cuando se conoce a Jesús, la vida se transforma y brota abundancia. Es lo que queremos seguir expresando. Si nos lo callamos hasta las piedras gritarían. Jesús diseña en cada adolescente y joven algo maravilloso que crea Iglesia. Hay una fecundidad que brota hasta la vida eterna.

Animo a que se profundicen y se pongan en práctica estos materiales que sirvan de luz para nuestro caminar en la Iglesia.

Muy agradecido por todo lo que hacéis. Unidos en oración.

✠ Francisco Cerro Chaves
Arzobispo de Toledo y Primado de España

INTRODUCCIÓN

Siempre nos hemos preguntado qué es necesario y qué no en la pastoral juvenil; qué cosas hay que hacer, qué métodos elegir, qué camino tomar para que el evangelio llegue a los jóvenes y así sigan a Jesucristo en un mundo donde ya no se habla de Dios. Para todos, la pastoral juvenil es un reto, más en un mundo donde todo es tan cambiante y nada sirve durante mucho tiempo.

Pero, en medio de estos interrogantes e inquietudes, también a la hora de plantear una pastoral con jóvenes nos tenemos que preguntar: ¿Qué es lo más importante en la pastoral juvenil? ¿Qué es aquello que resulta esencial? La carta pastoral de don Francisco Cerro viene a responder esta pregunta. En la pastoral juvenil claro que hay que preguntarse por los métodos, por cómo llegar a los más jóvenes, pero no podemos olvidar una cosa: hablar de la vocación. Esto es esencial en una pastoral juvenil, ya que, en esta edad, es cuando las personas se encuentran en estado de búsqueda: ¿Qué haré con mi vida? ¿Qué trabajo tendré? ¿Qué estudiaré?; y, muchas veces, no se hacen el interrogante principal: ¿Qué quiere Dios de mí?

Pues bien, siguiendo el evangelio de la multiplicación de los panes y los peces, iremos recorriendo el camino para ayudar a descubrir a los jóvenes la vocación a la que Dios los llama. Para dicha misión, el señor arzobispo analiza este tema en las dos etapas de la adolescencia y de la juventud con el objeto de ir dando las claves para saber insertar la pastoral vocacional en la pastoral juvenil, la cual no es añadido, sino algo transversal a toda la pastoral juvenil: si no se plantea la vocación en esta etapa de la vida, nuestra misión con los jóvenes está siendo incompleta, pues el joven no está destinado a permanecer indeciso, sino que tiene que tomar decisiones y responsabilidades: "La persona que no toma responsabilidades, corre el riesgo de permanecer eternamente niño" (Benedicto XVI).

Ante tantas decisiones que el joven de hoy tiene que tomar es urgente que, en medio de estas preguntas, pongamos en medio de su vida la más importante: ¿Qué quiere Dios de mí? ¿Qué me pide? Solo así los jóvenes tendrán en el centro de su vida al que es el centro del universo: Jesucristo.

La Iglesia necesita a los jóvenes, los jóvenes necesitan a la Iglesia. ¡Volvamos a poner en el centro del mundo a Dios! ¡Pongamos en el centro de estos jóvenes a Dios! Para ello, no dejemos de anunciarles que Dios los ama y los llama a una vida apasionante.

Daniel Rodriguez De la Cruz
Delegado Episcopal de Adolescencia y Juventud
de la Archidiócesis de Toledo

PRESENTACIÓN

Siempre tenemos la sensación de que con los adolescentes y jóvenes estamos empezando. En la carta pastoral que don Francisco, nuestro arzobispo, ha dirigido a los adolescentes y jóvenes en el año 2023 se expone la continuidad de la infancia con las etapas posteriores. Es necesario descubrir cómo la vida cristiana ha de ser entendida desde la Iniciación.

El libro que tienes en tus manos ha sido fruto del deseo que don Francisco con su carta pastoral expresa para realizar una pastoral de adolescentes y jóvenes entroncándola con la pastoral de la Iniciación cristiana y vocacional.

Esta obra tiene dos partes:

- La carta pastoral escrita por nuestro arzobispo a los adolescentes y jóvenes. Desde el prisma de la pastoral vocacional da continuidad a una nueva evangelización para las generaciones jóvenes. Va seguida de unas fichas que nos harán profundizar en el contenido y la intención de la carta.

- Se exponen los discursos y textos del papa Francisco en la Jornada Mundial de la Juventud de Lisboa, junto a la catequesis que allí impartió nuestro arzobispo a los jóvenes.

Esta obra pretende ser una luz para plantear una pastoral en conjunto. La gracia para vivir con los adolescentes y jóvenes, así la expone don Francisco, es hacer, forjar, formar cristianos. Es la llamada fuerte a vivir la vida cristiana. Jesucristo que conforma todo.

Esperamos que se siga abriendo el tiempo nuevo, la primavera del grito: ¡Ven, Señor Jesús!

Juan José López Fabuel
Delegado Episcopal de Catequesis
de la Archidiócesis de Toledo

CARTA PASTORAL
A LOS SACERDOTES, MIEMBROS DE LA VIDA CONSAGRADA Y FIELES LAICOS DE LA ARCHIDIÓCESIS DE TOLEDO

LA DIMENSIÓN VOCACIONAL DE LA PASTORAL DE ADOLESCENCIA Y JUVENTUD

¿Es posible una pastoral de adolescencia y juventud que no sea vocacional?

✠ Francisco Cerro Chaves
Arzobispo de Toledo y Primado de España

LA DIMENSIÓN VOCACIONAL DE LA PASTORAL DE ADOLESCENCIA Y JUVENTUD

¿ES POSIBLE UNA PASTORAL DE ADOLESCENCIA Y JUVENTUD QUE NO SEA VOCACIONAL?

I. INTRODUCCIÓN

1. Desde que inicié mi vida de obispo en la archidiócesis de Toledo siempre puse como prioritario la pastoral familiar y desde aquí la llamada a los chicos y chicas para que trabajemos pastoralmente en la vida como vocación.

No puede existir ninguna pastoral que quiera ser fecunda si no lleva a la pregunta decisiva de la vida: "Señor, qué quieres de mí". En estos cursos pastorales en nuestra archidiócesis estamos subrayando junto a la llamada a la santidad, la entrega y fidelidad de cada uno a la llamada del Señor. Ser llamado significa ser amado.

Vamos a estructurar esta carta pastoral en torno a tres apartados. En primer lugar, centraremos nuestra reflexión en la Pastoral de adolescencia, después en la Pastoral de juventud y por último en el acompañamiento vocacional. ¿Por qué? Porque son dos etapas muy diferentes en el proceso de maduración en la fe y no podemos abordar de la misma manera ciertos temas en una etapa o en otra.

2. A propósito del Congreso Nacional de Laicos celebrado en Madrid en febrero de 2020 leí que "la Iglesia ha de ser una comunidad que RÍE: reconoce – interpreta – elige". Esa será la metodología que sigamos en esta reflexión. Buscamos un reconocer, a la luz de la palabra de Dios y el magisterio de la Iglesia, la llamada a vivir nuestra vida en clave vocacional; interpretar a la luz del Señor cómo vivimos nuestra vida cristiana en clave vocacional para elegir lo que el Señor quiere para cada uno de nosotros, sabiendo que hay que aterrizar, no irnos por las ramas, sino como la virgen María, creyendo en el Dios de lo imposible: "Aquí estoy, Señor, para hacer tu voluntad" (Sal 39).

II. AHÍ HAY UN MUCHACHO

3. Al comienzo de esta carta pastoral, quiero compartir con vosotros una breve meditación personal a propósito de uno de los pasajes del Evangelio que considero más indicado para hablar de la Pastoral de adolescencia y juventud en clave vocacional. Leamos pausadamente este texto del Evangelio de san Juan (6,1-14):

"Después de esto, Jesús se marchó a la otra parte del mar de Galilea (o de Tiberíades). Lo seguía mucha gente, porque habían visto los signos que hacía con los enfermos. Subió Jesús entonces a la montaña y se sentó allí con sus discípulos. Estaba cerca la Pascua, la fiesta de los judíos. Jesús entonces levantó los ojos y, al ver que acudía mucha gente, dice a Felipe: «¿Con qué compraremos panes para que coman estos?». Lo decía para probarlo, pues bien sabía él lo que iba a hacer. Felipe le contestó: «Doscientos denarios de pan no bastan para que a cada uno le toque un pedazo». Uno de sus discípulos, Andrés, el hermano de Simón Pedro, le dice: «Aquí hay un muchacho que tiene cinco panes de cebada y dos peces; pero ¿qué es eso para tantos?». Jesús dijo: «Decid a la gente que se siente en el suelo». Había mucha hierba en aquel sitio. Se sentaron; solo los hombres eran unos cinco mil. Jesús tomó los panes, dijo la acción de gracias y los repartió a los que estaban sentados, y lo mismo todo lo que quisieron del pescado. Cuando se saciaron, dice a sus discípulos: «Recoged los pedazos que han sobrado; que nada se pierda». Los recogieron y llenaron doce canastos con los pedazos de los cinco panes de cebada que sobraron a los que habían comido. La gente entonces, al ver el signo que había hecho, decía: «este es verdaderamente el profeta que va a venir al mundo".

4. ¿Por qué este texto para hablar de la dimensión vocacional de la pastoral de adolescencia y juventud? Estamos acostumbrados a utilizar el pasaje de los Discípulos de Emaús (Lc 24,13-55) para hablar del acompañamiento. Sin ir más lejos el *Documento final* del reciente Sínodo de los Obispos sobre los Jóvenes, celebrado en Roma en octubre de 2018: *Los jóvenes, la fe y el discernimiento vocacional*, en sus tres partes utiliza este pasaje de Emaús: caminaba con ellos; se les abrieron los ojos; al momento se pusieron en camino. En el Proemio del *Documento final* leemos: "Hemos reconocido en el episodio de los discípulos en Emaús un texto paradigmático para comprender la misión eclesial en relación a las jóvenes generaciones" (*DF* 4)[1]. "Para estar en su compañía, recorre el camino con ellos. Los interroga y se dispone a una paciente escucha de su versión de los hechos para ayudarlos a "reconocer" lo que están viviendo. Después, con afecto y energía, les anuncia la Palabra, guiándolos a "interpretar" a la luz de las Escrituras los acontecimientos que han vivido. Acepta la invitación a quedarse con ellos al atardecer: entra en su noche. En la escucha, su corazón se reconforta y su mente se ilumina, al partir el pan se abren sus ojos. Ellos mismos «eligen» emprender sin demora el camino en dirección opuesta para volver a la comunidad y compartir la experiencia del encuentro con Jesús resucitado" (*DF* 4).

Claro está que es sin duda el relato de Emaús la clave para entender el acompañamiento. El texto resalta la actitud de Jesús que se pone a caminar con ellos. Jesús resucitado desea caminar junto a cada joven, acogiendo sus anhelos, aunque se hayan visto decepcionados, y sus esperanzas, aunque sean inadecuadas. Jesús camina, escucha, comparte. Actitudes estas fundamentales en la persona del monitor-acompañante de jóvenes. Sin embargo, desde mi punto de vista, a la hora de hablar de los adolescentes y jóvenes de nuestros días, vemos que en la persona del apóstol Andrés están representados todos ellos. A lo largo de esta carta haremos una profunda reflexión sobre la adolescencia y la juventud y el papel de los acompañantes, pero, a modo de introducción, podemos decir que el acompañante de adolescentes es aquel que sabe descubrir los talentos, los dones de los adolescentes y jóvenes, y poner-

---

[1] Sínodo de los Obispos. XV Asamblea General Ordinaria, *Los jóvenes, la fe y el discernimiento vocacional. Documento final*, BAC, Madrid 2018.

los al servicio de la comunidad. Un muchacho entre mucha gente es quien responde con un corazón generoso para ayudar a que los demás tengan una vida mejor. No hizo caso de las excusas de los adultos. Felipe, el realista, lo da por imposible: no es nuestro problema. Andrés, el derrotista, se ve superado: ¿Qué podemos hacer nosotros? Está claro que Jesús hubiera podido hacer este milagro de la multiplicación de los panes y los peces de muchas maneras, pero quiso servirse de la ofrenda de este muchacho: multiplica infinitamente lo poco que uno pueda tener si se lo entrega con generosidad.

5. Muchas veces, ante el panorama que se nos presenta en el mundo adolescente, nuestros monitores-acompañantes, los agentes de pastoral juvenil, como Andrés, se ven superados. "¿Qué podemos hacer nosotros por ellos? Si ni ellos mismos se entienden... si no hay quien los aguante..." son frases que escuchamos con frecuencia a la hora de hablar de los adolescentes. En este sentido Chesterton nos ofrece una ingeniosa definición de adolescencia y juventud: "La adolescencia es lo más complejo e incomprensible que existe. Aunque todos hemos pasado por ella, no logramos entender qué es. Un hombre no puede nunca entender completamente a un muchacho, aunque él mismo haya sido también un muchacho"[2].

Andrés supo ver lo que este muchacho tenía, quizá con duda y con una actitud derrotista, pero vio lo que tenía y le movió a ofrecérselo al Señor para que realizara el milagro. Los acompañantes de adolescentes de nuestros días, como Andrés, han de estar prontos para ver todas las potencialidades que encierran los adolescentes, que son muchas, y moverlos a ponerlas al servicio de Dios y de la comunidad. Tenemos que hacer una apuesta firme por los adolescentes, aprender a "perder el tiempo" con ellos, para conocerlos, ayudarlos a desarrollarse y acompañarlos en el tránsito hacia la juventud.

Comienzo esta carta pastoral con una lectura del Evangelio, *lectio divina* y meditación, donde Jesús siempre cuenta con nosotros para

---

[2] G. K. CHESTERTON, *Autobiografía,* Piemme, Casale Monferrato (AL), 1997, p. 60. Traducción española: *Autobiografía*, Acantilado, Barcelona 2010.

cumplir con la misión de evangelización, es decir, Cristo te ama y ha muerto y resucitado por ti. Tomarse la vida cristiana en serio, no en broma, exige una profunda amistad con Jesús, para decirle al Señor con un discernimiento y acompañamiento: "Te seguiré a dónde quiera que vayas" (Lc 9,57).

"Después de esto, Jesús se marchó a la otra parte del mar de Galilea [o del Tiberíades]" (Jn 6,1)

6. El Evangelio de Juan nos describe muchas veces la vida cristiana como una travesía a mar abierto, como una aventura apasionante, con la clave del "contigo Señor y como tú", que da san Ignacio de Loyola en sus *Ejercicios Espirituales*, en la segunda semana del seguimiento de Cristo. Aquí nos encontramos en el mar de Tiberíades y tenemos como fondo la multiplicación de los panes y los peces, junto con el discurso del pan de vida, de la eucaristía, tan central en la vida del joven cristiano.

"Lo seguía mucha gente, porque habían visto los signos que hacía con los enfermos" (Jn 6,2)

7. El seguimiento de Jesús exige vivir testimoniando su amor por los que sufren, por los enfermos, por los pobres. Si tuviésemos que quitar del Evangelio los signos que hacía Jesús con los enfermos, signos de amor, de misericordia y de curación nos quedaríamos sin la mayoría de los textos evangélicos. Los enfermos son sanados y se les anuncia el Evangelio de la esperanza, es una señal clave de la presencia del mensaje del salvador, del que tenía que venir entre nosotros.

"Subió Jesús entonces a la montaña y se sentó allí con sus discípulos" (Jn 6,3)

8. Jesús es montañero, caminante, le encanta la naturaleza, las montañas, el escalar las dificultades, buscando la interioridad con el Padre. ¡Cuántas veces he subido a la montaña con chicos y chicas y me he sentado a contemplar la caída de la tarde, o el encenderse las primeras luces en los pueblos! ¡Cuántas veces hemos experimentado en un

campamento, en una acampada, en un albergue, en un día de sende-
rismo, el sentarnos juntos, compartir nuestras inquietudes y alegrías!
Cuando Jesús es invitado a "sentarse" en nuestras reuniones, en nuestros encuentros, enseguida brota la comunión, el compartir, el querer-
nos, el sentirnos cerca de su corazón. Somos discípulos en la medida
en que nos sentamos con Jesús y compartimos la vida en familia, en
Iglesia joven.

"Estaba cerca la Pascua, la fiesta de los judíos" (Jn 6,4)

9. Sabemos que para un cristiano siempre está cerca la Pascua, es decir la muerte y la resurrección de Cristo, celebrada, comulgada y adora-
da en la eucaristía. La cercanía de la Pascua hace pensar a Jesús en
subir a celebrarla a Jerusalén: "¡Qué alegría cuando me dijeron: ¡vamos
a la casa del Señor! Ya están pisando nuestros pies tus umbrales, Jerusalén" (Sal 122). Para Jesús cercana la Pascua es subir, como ha subido al monte de la transfiguración (*cf.* Mt 17) ahora subir es "dar la vida",
y bajar al encuentro con la gente que se está "como ovejas sin pastor"
(Mt 9,36).

"Jesús entonces levantó los ojos y, al ver que acudía mucha gente, dice a Felipe: «¿Con qué compraremos panes para que coman estos?»" (Jn 6,5)

10. La actitud del corazón de Cristo de levantar los ojos refleja su vida
orante, su profunda intimidad y confianza con el Padre. Así actúa siempre, también en la resurrección de Lázaro (*cf.* Jn 11), en la última cena
(*cf.* Jn 13). Es levantar los ojos al cielo, sabiendo que no existe ninguna
plegaria que no la escuche nuestro Padre Dios... "Levanto los ojos a los
montes, ¿de dónde me vendrá el auxilio? Mi auxilio viene del Señor, que
hizo el cielo y la tierra" (Sal 121).

La pregunta que le hace Jesús a Felipe también nos la dirige a nosotros, al ver una humanidad, una juventud, hambrienta y sedienta de amor.
¿Con qué compraremos panes para que coman estos? Jesús, realista,
presenta en nuestros corazones sus deseos, su querer que colaboremos
con él en la construcción del Reino.

Jesús se dirige a Felipe. También aquellos griegos se dirigirán a Felipe más tarde para hacerle la súplica de todo corazón humano ¡Queremos ver a Jesús! Es el anhelo de todo joven. Es en expresión de san Agustín: "Nos has hecho Señor para ti y nuestro corazón está inquieto hasta que descanse en ti".

"Lo decía para probarlo, pues bien sabía él lo que iba a hacer" (Jn 6,6)

11. Dios no tienta, no es propio de Él, pero sí nos prueba, como hace aquí Jesús, para ver por donde salimos, que es lo que alberga nuestro corazón. En el fondo, sabiendo Jesús lo que va a hacer, siempre cuenta con nosotros, con lo que tenemos y somos. Ocurre con la institución de la eucaristía, que para que se realice el milagro de la transubstanciación del pan en el cuerpo y el vino en la sangre, necesita de nuestra colaboración, de presentarle nuestras pobrezas, nuestro pan y nuestro vino y el Señor hará lo demás.

"Felipe le contestó: «Doscientos denarios de pan no bastan para que a cada uno le toque un pedazo»" (Jn 6,7)

12. Dice la verdad. Es siempre desbordante la tarea a la que nos llama el Señor, cuando nos pide que evangelicemos el mundo de los jóvenes y nos lo pide a nosotros con nuestros límites y pobrezas. Es verdad que la evangelización de los jóvenes no se hará sin contar con los jóvenes, con sus límites y pobrezas, contando con lo que tienen y partiendo de sus "panes y peces". No hay que esperar a ser perfectos para preguntarse por la vocación. Jesús nos llama desde nuestra propia realidad.

> "Uno de sus discípulos, Andrés, el hermano de Simón Pedro, le dice: «Aquí hay un muchacho que tiene cinco panes de cebada y dos peces; pero ¿qué es eso para tantos?»" (Jn 6,8).

13. La comunión con los apóstoles, con el papa, los obispos, los sacerdotes, la vida consagrada, los laicos es necesaria si queremos que se realice "la multiplicación de los panes y los peces". La comunión hace fecunda la evangelización de los jóvenes, aún en los lugares y ambientes más adversos. Presentar nuestras dificultades, escuchar hasta el final, ponerse en el lugar del otro, no es "tirar la toalla" en la evangelización de los chicos y chicas de nuestro tiempo, es más bien acertar en la auténtica evangelización de los jóvenes, con sus luces y sombras, como nos recuerda el Vaticano II.

¿Qué es lo que tenemos nosotros tan pobres, para lo que espera una tierra nueva hambrienta de pan, de amor y de alegría? ¿Qué es esto? Cuando partimos y contamos con Jesús, por Cristo, con él y en él, nuestra vida es siempre fecunda. Los límites de los jóvenes vividos desde Cristo no son obstáculo para una vida cristiana plena, santa y evangelizadora, sino que es el trampolín para que se vea más claro que nuestra fuerza está en Cristo. En nuestra debilidad, en nuestras pobrezas presentadas al Señor, se va construyendo día a día la santidad y el preguntarse: ¿Qué quieres, Jesús, de mí?

**"Jesús dijo: «Decid a la gente que se siente en el suelo».
Había mucha hierba en aquel sitio. Se sentaron;
solo los hombres eran unos cinco mil" (Jn 6,10)**

14. Otra vez. Dos veces aparece que se sentaron en torno a Jesús, en la hierba. Es una invitación a una comida de hermanos fraternal, donde Jesús se parte y reparte "como el pan vivo bajado del cielo".

Es una escena que nos evoca tantos momentos de fraternidad, en las parroquias, en la actividad del verano. Sentados en la hierba, sin prisas, compartimos siempre a "Jesús en medio". Todo lo que es la alegría, esperanza y deseos de que Jesús nos conozca y nos encontremos con el que siempre tiene abierto su corazón.

Allí en la hierba sentados esperan todos juntos la alegría de que donde Jesús actúa y le dejamos actuar, se realizan muchos milagros. Sobre todo, el milagro de vivir la vida compartiendo lo que somos y tenemos. Dar a los jóvenes lo más grande, que es Jesús, el Salvador, el mayor regalo del Padre a la humanidad.

"Jesús tomó los panes, dijo la acción de gracias y los repartió a los que estaban sentados, y lo mismo todo lo que quisieron del pescado" (Jn 6,11)

15. Jesús siempre comienza agradeciendo. Saber agradecer es el mejor antídoto contra la amargura. Solo los que saben agradecer son felices y pueden hacer felices a los demás.

La acción de gracias es el estilo de comenzar el gran milagro de la vida, como hizo ante la muerte de Lázaro o en la última cena antes de morir. Precisamente la palabra "eucaristía" viene del griego que significa "acción de gracias".

Comieron todo lo que quisieron, hasta hartarse. Como dice una antífona de la eucaristía: "Le diste el pan del cielo que contiene en sí todo deleite". Solo el amor de Jesús nos sacia, nos llena en plenitud. Jesús se da sin reservas, nunca se da tasado. Siempre, cuando nos entregamos al Señor, cuando le seguimos, cuando vivimos la vida con Jesús como una vocación, sacerdotes, vida consagrada, matrimonio, descubrimos que el Señor se nos ha dado sin medida y que soñando "nos quedamos cortos".

"Cuando se saciaron, dice a sus discípulos: «Recoged los pedazos que han sobrado; que nada se pierda»" (Jn 6,12)

16. Es curioso lo generoso y espléndido que es el corazón de Jesús en su entrega y en sus dones y también busca que no se desperdicie nada de lo que nos ha dado.

Es generoso, muy generoso, pero no quiere que nada ni nadie se pierda. En el fondo es la vocación, es la llamada. Decía san Juan Pablo II que "ser llamado significa ser amado". En esa llamada el Señor nos lo da todo y se siembra en el corazón de los jóvenes que quieran escuchar su voz a seguirle y no quiere que nadie se pierda por falta de medios, de discernimiento, de acompañamiento. En esa aventura apasionante que es el seguimiento de Jesucristo, el Señor llama a los que quiere, solo hemos de saber escuchar.

Recoged los pedazos, es decir que siempre sobra cuando nos confiamos en su amor y su misericordia. Es también la actitud humilde y sencilla de los pobres, que no se desperdicie nada, que se aproveche todo. Es vivir cantando las misericordias del Señor que "ha estado grande con nosotros y estamos alegres" (Sal 125).

"Los recogieron y llenaron doce canastos con los pedazos de los cinco panes de cebada que sobraron a los que habían comido" (Jn 6,13)

17. El milagro consistió primero en que el Señor construye desde nuestra nada, desde nuestra pobreza y que siempre cuenta con nosotros, aunque pensemos que es tan pobre y ridícula nuestra vida. El que te creó sin ti, no te salvará sin ti, decía san Agustín. El Señor siempre construye desde nuestros panes y peces. Son pocos, pero son los nuestros, y vividos con Jesús se multiplican y se hacen inmensos, con la fuerza evangelizadora de nuestra pobreza.

Sobran doce canastos, otro número simbólico. Doce significa plenitud, como los doce apóstoles. También los cinco panes y los dos peces juntos forman siete, que nos recuerda el número de perfección en la Biblia, de la plenitud del amor de Dios, que siempre construye desde nuestra pobreza y nuestros límites. No construye desde nuestra soberbia y autosuficiencia de creernos que somos los mejores en todo. Es Jesús el que nos da la fuerza para ser capaces de todo, hasta de seguirlo hasta el final. De no cansarnos nunca de estar esperando siempre y volviendo "al amor primero".

"La gente entonces, al ver el signo que había hecho, decía: «Este es verdaderamente el profeta que va a venir al mundo»" (Jn 6,14)

18. Acompañar a los adolescentes y a los jóvenes es la asignatura pendiente a la que tenemos que hincar el diente los sacerdotes, vida consagrada, formadores y educadores de la pastoral juvenil vocacional. No es fácil, pero es apasionante. El fruto es inmenso, aunque no se vea.

Aquí se ve cómo el Señor Jesús ha ido progresivamente acompañándoles a que vayan descubriendo quién es él, para abrirse a la llamada, a seguirlo por los caminos haciendo el bien. Sin olvidar ni uno de los detalles con los que el Señor, siempre que le vamos descubriendo, nos va poniendo como signos en el camino: la acogida, la escucha, el sentarse en el suelo, el contar siempre con nuestros panes y peces, la paciencia, y llevarnos a que descubramos el profundo amor de Jesús, que abre su corazón para crear en nosotros una profunda amistad que conduzca a la elección, al seguimiento.

III. ADOLESCENTES, NO PERDÁIS VUESTRA INQUIETUD. ¡CRECED CON CRISTO EN LA IGLESIA!

19. Lo propio del adolescente es no quedarse indiferente, ve una realidad, es consciente de cosas que están pasando, empieza a ver la gravedad de las situaciones, le llega profundamente lo que ocurre... Y quiere responder. El elemento vocacional en la adolescencia es de importancia transcendente. Y desde este prisma nos hemos de acercar a esta etapa tan preciosa de la vida. La llamada está latente. Toda la educación en el adolescente ha de ser una escuela de escuchar y responder.

20. Queridos adolescentes, son muchas la voces e interrogantes que tenéis ante vosotros. Estáis en tantos momentos condicionados a responder. Os surge la pregunta: ¿cómo hacer lo mejor? Me quiero dirigir a vosotros para que juntos busquemos lo necesario para vuestro crecimiento e integración en la Iglesia que es Madre. ¡La meta está clara! Jesucristo es el modelo que os conduce siempre a un camino nuevo. Por eso quiero subrayar algunos elementos propios de la adolescencia que nos indican vuestra realidad y vuestro corazón grande.

21. En primer lugar, la adolescencia puede verse como una etapa en la que se finaliza la infancia. Se pasa de una etapa anterior, la preadolescencia (10-12 años), donde las cosas infantiles ya aburren. Se está en un momento distinto. En la adolescencia hay varias etapas: la adolescencia temprana (12-14 años), la adolescencia mediana (15-17 años) y la adolescencia tardía (hasta que empieza la juventud). Es un período crítico de la vida que está lleno de cambios. Los adolescentes piden que se confíe en ellos y a la vez les abruma que todo dependa de ellos. Están forjando su ser adulto y hemos de tener paciencia. Hay una infancia que no es bueno que nos empeñemos en finalizar: la de la inocencia y la alegría.

En segundo lugar, empiezan a hacer su propia síntesis. Ya hay contenidos a nivel intelectual que les sirven de base y les dan una cultura general. Pero también a nivel afectivo de sentimientos y emociones van teniendo una personalidad formada y surgen ciertas inseguridades. A nivel de relaciones personales van forjando su carácter y también observan que hay decisiones que tienen sus pros y contras. El medio en el que están es distinto: unos siguen estudiando, otros empiezan a trabajar, otros pueden verse ociosos al no tener muchas salidas, otros están haciendo discernimientos vocacionales o haciendo ciertas experiencias de vida.

En tercer lugar, están en los momentos más deliciosos de la existencia porque tienen una sensibilidad especial. Les llegan profundamente los testimonios de personas que, en medio de las contradicciones, se superan. Están abiertos a las historias que no ponen el acento en las circunstancias, sino en los personajes. También a nivel religioso y espiritual están sensibilizados con lo que es lo esencial de la vida cristiana: el amor a los demás, la generosidad, el servicio y la entrega. Algunos adolescentes están experimentando crisis de fe. Debemos invitarles a que no se paralicen ante esas insinuaciones que aparecen. Lo propio de la fe y de las realidades en la vida que no son ciencias exactas, es buscar. Vivamos estas luchas. La vida va de esto.

Por último, en este momento de sus vidas, las crisis pueden sentirse como más cruciales. Se pueden presentar como algo dramático. Es lo propio de aquellas cosas que despiertan en ellos inseguridad. Estas luchas a veces provocan ciertos comportamientos que a los adultos nos pueden contradecir. Por eso el papa Francisco nos habla con ese realismo y esa vivacidad que le caracteriza: "La oscuridad nos pone en crisis; pero el problema es cómo gestiono esta crisis; si me la guardo solo para mí, para mi corazón, y no lo hablo con nadie, no funciona. En las crisis hay que hablar, hablar con el amigo que me puede ayudar, con papá, mamá, abuelo, abuela, con la persona que me puede ayudar. Las crisis deben ser iluminadas para vencerlas"[3].

22. Queridos adolescentes, todo se clarifica y se ilumina acudiendo a una página del evangelio donde vemos a un «adolescente» que se acerca a Jesús. Se sitúa ante él con los discípulos y apóstoles para que se realice la misión. En ese pasaje estáis reflejados: "Uno de sus discípulos, Andrés, el hermano de Simón Pedro, le dice: «Aquí hay un muchacho que tiene cinco panes de cebada y dos peces; pero ¿qué es eso para tantos?». Jesús dijo: «Decid a la gente que se siente en el suelo»" (Jn 6,8-11).

23. Se pueden expresar tres características importantes de lo propio de esta edad que me gustaría comentar con vosotros para que se manifieste la fuerza de la palabra de Dios que ilumina y escruta nuestro vivir: Andrés presenta al niño-adolescente. El adolescente se asemeja a los servidores de las bodas de Caná. El servidor es el que obedece. En esta edad hay un gran potencial de obediencia. La rebeldía que a veces podemos decir que tienen no es de maldad, sino que la obediencia se ha de dar explicada, explicitada, razonada.... Por eso las personas que los acompañamos hemos de entrar en esta pedagogía de no dar las cosas por supuestas, sino proponer.

Los adolescentes son muy generosos. El derecho de propiedad, de querer acaparar y "tener por tener", no se da aún. Se dan gratuitamente cuando algo les atrae poderosamente. En este momento de su vida el discernimiento es algo muy importante. No cualquier entrega es importante. Sólo la que es ofrecida desde la verdad más profunda de lo que son. Podemos dar muchas cosas. Pero hemos de entregar lo que tiene que ver con el plan de Dios. Dios tiene un proyecto fabuloso sobre cada uno de ellos.

Jesús es la fecundidad. Jesús es sobreabundancia. Cuando estamos ante Jesús todo se hace distinto. Vuelven a realizarse obras grandes. "Cristo vive y te quiere vivo" (*ChV* 1).

---

[3] PAPA FRANCISCO, Discurso a los adolescentes participantes en la peregrinación organizada por la Conferencia Episcopal Italiana, 18 de abril de 2022.

24. Qué bien expresa el papa Francisco dirigiéndose a los adolescentes todo lo propio de la adolescencia: "Queridos chicos y chicas, vosotros no tenéis la experiencia de los grandes, pero tenéis una cosa que nosotros, los grandes, a veces hemos perdido... O, muchas veces, la costumbre de la vida nos hacer perder «el olfato». ¡Y esto no lo perdáis, por favor! Vosotros tenéis el olfato de la realidad, y es algo grande... Vosotros tenéis el olfato; ¡no lo perdáis! El olfato de decir «esto es verdad –esto no es verdad– esto no va bien»; el olfato de encontrar al Señor, el olfato de la verdad... No os avergoncéis de vuestros arrebatos de generosidad: el olfato os lleva a la generosidad. Lanzaos en la vida. «¡Eh, padre, pero yo no sé nada; tengo miedo de la vida!»: tenéis quien os acompaña, buscar a alguien que os acompañe. Pero no tengáis miedo de la vida, ¡por favor! Tened miedo de la muerte, de la muerte del alma, de la muerte del futuro, de la cerrazón de corazón; tened miedo de esto. Pero de la vida, no: la vida es bella, la vida es para vivirla y para darla a los otros, la vida es para compartirla con los otros, no para cerrarla en sí misma"[4].

26. En esta carta pastoral quiero seguir exponiendo cómo la vida y vocación de los adolescentes es un reto para la Iglesia hoy, especialmente para nuestra archidiócesis. Creo que en el acompañamiento que hemos de realizar se ha de unir la etapa de la infancia junto con la juventud para realizar un crecimiento en la fe integral e integrado. Podremos dar continuidad a la pastoral con corazón en la que, en todos los momentos del crecimiento, Jesucristo sigue vivo y sigue realizando obras grandes. Benedicto XVI a los jóvenes en Sídney les decía estas palabras que son de mucha actualidad, y que nos hace ver la gran trascendencia de cuidar la adolescencia: "Permitidme que os haga una pregunta. ¿Qué dejaréis vosotros a la próxima generación? ¿Estáis construyendo vuestras vidas sobre bases sólidas? ¿Estáis construyendo algo que durará? ¿Estáis viviendo vuestras vidas de modo que dejéis espacio al Espíritu en un mundo que quiere olvidar a Dios, rechazarlo incluso en nombre de un falso concepto de libertad? ¿Cómo estáis usando los dones que se os

---

[4] *Ibid.*

han dado, la «fuerza» que el Espíritu Santo está ahora dispuesto a derramar sobre vosotros? ¿Qué herencia dejaréis a los jóvenes que os sucederán? ¿Qué os distinguirá?"[5].

a) RECONOCER: El apóstol Andrés presenta al adolescente ante Jesús. ¡Le lleva a Jesús!

27. En esta parte de la carta pastoral quisiera exponer cuál es la realidad de los adolescentes en nuestra archidiócesis. Lo quisiera hacer teniendo presente las palabras del papa Francisco que dirigió a los adolescentes del colegio Barbarigo, de Padua[6], que me parecen muy iluminadoras. Ante la situación tan poliédrica de la vida de los adolescentes quiero acercarme desde tres perspectivas: realidad y propuesta de vida cristiana, el interior del adolescente y el entorno.

Realidad y propuesta de vida cristiana

28. "Hay tres lenguajes: el lenguaje de la cabeza, es decir, el lenguaje del intelecto, de pensar...; el lenguaje del corazón, aprender a sentir bien; y por último el lenguaje de las manos, el hacer. Pensar, sentir y hacer. Es una armonía de tres lenguajes. Educar es hacer crecer estas tres dimensiones de la vida, pero en armonía... Un joven debe tener la capacidad de interrogarse, de hacerse preguntas cuando mira a la realidad, no solo cuando estudia, un teorema matemático, por ejemplo, sino la realidad"[7].

29. *Realidad.* Divido en estos grupos la labor de evangelización que tenemos en nuestra archidiócesis:

- Adolescentes que finalizan su Iniciación cristiana, con 12-13 años, han tenido una continuidad en la preparación a los sacramentos durante 5-6 años y reciben el sacramento de la confirmación; o los que de

---

[5] BENEDICTO XVI, *Misa final de la JMJ de Sídney*, 20 de julio de 2008.

[6] PAPA FRANCISCO, *Diálogo con los alumnos del colegio Barbarigo de Padua*, 23 de marzo de 2022.

[7] *Ibid.*

manera continuada durante 8-10 años han estado realizando el proceso de Iniciación cristiana y se confirman con 15-16 años. Se integran en grupos parroquiales, movimientos o asociaciones para seguir madurando su fe; los que inician la preparación al sacramento de la confirmación porque en algún momento tuvieron que pausarla. Estos años son para ellos de reintegrarse en los grupos y sus realidades.

- Chicos que inician la Iniciación cristiana en forma de catecumenado para la recepción de los tres sacramentos. Tienen algún grupo o institución de referencia y les hacen el acompañamiento.

- Aquellos que han sido invitados a un retiro de primer anuncio o algún grupo de adolescentes parroquiales, o de asociaciones, o movimientos. Pueden tener posibilidad de formación y de vida cristiana. Los adolescentes que están en la clase de Religión o en colegios católicos. Son los padres los que eligen libremente y por convicciones de valores o motivos religiosos. La pastoral de los centros o del profesor de Religión católica en centros públicos realiza con ellos una presencia eclesial.

- Adolescentes que están en nuestros pueblos o ciudades que pueden ser "invisibles" para nosotros porque no tienen contacto con la vida parroquial pero que en algún momento han podido hacerse presentes por alguna institución eclesial o por algún acontecimiento.

Propuesta de vida cristiana

30. *Transmisión de la fe.* A veces se presenta la vida cristiana como algo muy intimista. En la esfera pública no se pueden hacer manifestaciones de fe. En las comunidades cristianas son mínimas las expresiones de fe que transforman la vida. No una fe que se quede en ideas, sino que se exprese en acciones que hablen. En la Iniciación cristiana a veces nos hemos quedado en una vivencia muy pasiva, sin hacerles vivir y vibrar en lo nuclear de la vida cristiana. Aquí hay un gran drama que hemos de examinar todos en conciencia para una transmisión de la fe viva. Está de fondo una cuestión que me preocupa: el despertar religioso. Lo que no se ha realizado en la infancia, sigue aún sin realizarse en la adolescencia.

Comunidades cristianas. Nuestras comunidades no siempre son lugares de familia, de hogar, de acogida. O bien, porque muchas veces entendemos la vida parroquial como un lugar para que cada uno se "sirva" lo que necesite, como si estuviéramos en un gran centro comercial, o porque no se visibilizan todas las etapas y realidades de la vida. Las comunidades cristianas necesitan una gran dosis de vivir la verdad de la misión. En la medida en que vivamos para la evangelización invitando a reproducir nuestros ámbitos eclesiales como "hospitales de campaña" y creando el ambiente de familia, seremos lugares idóneos para que la vida cristiana aparezca.

Formación de la conciencia. En nuestra sociedad sumergida en una situación de total relativismo, se presenta la moral como si cada uno tuviera que definir lo que está bien o mal. La moral se presenta en muchos espacios sociales, como algo que violenta a la persona humana. Pero desde la verdad del evangelio debemos volver a decir que la ley moral es el motor de humanización, de respeto a los derechos y a la dignidad humana. En la Iniciación cristiana se ha de incidir en la ley nueva del cristiano que te hace vivir todo de un modo nuevo: transformando en amor. Es verdad que hay dos peligros que se pueden dar en la formación de la conciencia: los legalismos y el relativismo. Es importante que una vida nueva en el amor supere todo dualismo.

El interior del adolescente

31. *Dialogar.* "No dialogar únicamente conmigo mismo, no. Eso se debe hacer un poco para reflexionar con el corazón. Me refiero a dialogar con los otros. La vida es un continúo diálogo y eso hace la sociedad... Tú en la vida no estás solo, estás en una comunidad de gente que avanza. Una comunidad de una ciudad, una comunidad de una familia, también de una nación. El sentido comunitario de ir adelante, de recorrer un camino, el sentido comunitario del riesgo"[8].

32. *Búsqueda de identidad-falta de raíces.* Los adolescentes necesitan buscar su identidad, encontrarse con ellos mismos. Pero eso nunca será algo a elegir sino que está inscrito en su naturaleza. En la búsqueda de

---

[8] *Ibid.*

ellos mismos se dará la diferenciación sana con el otro sexo. No siempre se fomenta la memoria afectiva en estas edades. Realizar el relato de su vida desde su verdad más profunda, desde lo que son. Las referencias que hemos de dar a nuestros adolescentes tienen que ver con testimonios auténticos.

33. *Búsqueda de soluciones-apatía, parálisis, bloqueos.* La sociedad implícitamente les hace ver que no tiene sentido el futuro que les espera. Tantas noticias que expresan una gran desafección. Ya no solo a nivel económico, social, político..., que preocupa mucho, sino en lo que está en la raíz de todo eso: el sentido de la vida. ¿A dónde nos estamos dirigiendo? Y por eso aparecen apatías, parálisis, bloqueos de maneras nuevas. A nivel social se les ofrece toda una serie de ofertas, pero no les ayudamos a gestionarlas cómo elegirlas. El adolescente está llamado a buscar oportunidades. Es necesario que les abramos perspectivas de soluciones. Se intenta dar una gran libertad, pero a la vez no se les ayuda a la autonomía y a la superación de conflictos desde ellos mismos.

34. *Generosidad-ensimismamiento.* En nuestros adolescentes hay una gran generosidad. Esto se constata conviviendo con ellos. Cuando parte de ellos alguna iniciativa se entregan del todo. Aunque a veces hay que estar presentes para que la perseverancia permanezca y a la vez la frustración no anide en ellos y se echen atrás. Son dificultades que han de aprender a cómo salir de ellas. Si no tienden al ensimismamiento. Es un peligro que está presente: encerrarse en ellos mismos. Y hay muchas ramificaciones de vivir esto: la instalación de la frustración, múltiples insinuaciones de suicidio, la indignación... Es algo que se intenta acallar, pero está presente. Es una enfermedad que no se va a solucionar sino en la sana generosidad y la entrega desinteresada.

35. *Empatía-indiferencia.* La grandeza del adolescente consiste en su capacidad de ponerse en el lugar de los otros. Ahí está su tendencia a querer agradar y hacer que se sientan a gusto los que están a su alrededor. Teniendo ideales de un gran sentido de justicia. Proponiéndose hacer un mundo más equilibrado. Pero a la vez tienen una gran dosis de indiferencia. Este drama se presenta de múltiples modos en ellos: a nivel social en el que les puede preocupar solo lo que tiene que ver con ellos, a nivel religioso en el que pueden mostrarse fríos, tibios y a veces hasta violentos, a nivel personal en el que no se da una superación mayor.

36. *Sentimientos de soledad-dispersión.* En nuestra sociedad se puede presentar un modo de vida en el que no se tenga en cuenta a los demás. Las personas que están a nuestro lado pueden aparecer como un peligro que pueden quitar una supuesta libertad. Desde ahí la vida familiar es un obstáculo y como algo oscuro la vida sacerdotal, consagrada o misionera. Se da énfasis en manifestar que cada uno es según sus elecciones. La sexualidad y la afectividad se orientan como algo parcial que no tiene nada que ver con toda la persona. Esto hace que se viva en una mentalidad de dispersión entre los adolescentes. No teniendo certezas, ni verdades básicas para que desde ahí puedan hacer elecciones ciertas.

37. *Necesidad de comunicación-información basura.* La falta de comunicación, aunque estén totalmente comunicados y "enredados" en tantos medios de comunicación social, hace vivir en una realidad paralela. Cuando en los medios de comunicación no aparece el contacto con lo real aparece "la información y las situaciones basuras". Todo lo que se diga o se haga, aunque sea mentira o esté mal, es verdad y está bien. Desde aquí hay dramas que observo con mucho dolor: adolescentes que pueden elegir como su mejor bien el no socializar con los demás en aras de no tener que enfrentarse a la realidad, adolescentes que dedican mucho tiempo a juegos virtuales o redes, los que se encierran con sus medios tecnológicos y no son capaces de tener contacto con la realidad, aquellos que entran en círculos de adicciones como el juego, la pornografía.

Entorno

38. "Hay tantas guerras, en el que estamos viviendo una cultura de la muerte, o una cultura del silencio, que es ignorar las cosas que pasan, y eso es muerte, no es vida, o una cultura de la indiferencia: a mí no me importa lo que sucede ahí, son indiferencia. Solo me preocupo de mis cosas, de mis oportunidades, de mi cartera, y de nada más"[9].

39. *Familia*. Es una realidad primordial, natural y perenne en la vida de toda persona. La familia siempre será el medio de una educación plena y completa. Se presenta esta realidad a veces como algo que coarta la identidad y la autonomía. Y tanto es así que hay decisiones a nivel social que la opinión y autoridad de los padres empiezan a no contar. Se dan situaciones conflictivas en la familia y no siempre se saben gestionar. Aparecen ciertas luchas como fruto de incomprensiones.

40. *Pandillas-amistad*. En la adolescencia se da también una evolución en la forma de demostrar la amistad. Suelen estar muy presente modas y tendencias en el que ellos suelen clasificarse. En esta etapa está muy presente el "pandillerismo". Todavía las relaciones personales más profundas y únicas no están presentes. Lo importante es estar entre iguales. Se presentan nuevas formas de pandillas que tienden a creación de bandas. Lo negativo es cuando les distingue para crear ciertas divisiones o actos de vandalismo.

41. *Fiesta-ocio*. El adolescente necesita expresarse en todas las dimensiones de su vivir. Y para ello tiene mucha importancia el descanso, la ociosidad, la diversión. No siempre se presenta como algo sano. Sino que se disfraza de muchos modos en el que puede estar en el fondo una mentalidad de consumismo. Cuando el ocio es buscado como lo primero y hay dosis de libertinaje hemos de examinar cómo estamos educando en las expresiones de disfrute.

42. *Educación*. Muchos adolescentes toda la adolescencia se la pasan en el estudio. Hay mucha variedad de formación que abre a muchas salidas en nuestros adolescentes. A veces la realidad educativa puede esconder ciertas trampas en las que nuestros adolescentes están pre-

---

[9] *Ibid.*

sentes como intereses de competitividad o ciertas elecciones no por un trabajo digno, sino mejor remunerado.

43. *Crisis laboral.* También hay muchos adolescentes que trabajan o buscan trabajo. El trabajo nos integra y capacita en la sociedad al bien común. Nunca el trabajo se puede presentar como algo de segunda categoría. Todos los trabajos son dignos. Puede haber ciertas mentalidades de trabajos para los adolescentes en el que puedan realizar ciertas acciones, pero no se les ayude en la totalidad de su formación. Como también otros trabajos que puedan ser transitorios menoscabando la permanencia de trabajos y trabajos fijos. Estos son peligros para nuestros adolescentes.

b) INTERPRETAR: El adolescente se pone ante Jesús con sus panes y peces

44. El adolescente vive de la gratuidad. Ante Jesús le lleva el apóstol. La Iglesia-madre debe proveer de lo necesario para que se realice el encuentro. Ellos nos siguen necesitando. Hemos de acogerles y mostrarles caminos de vida. Ahora en este momento quiero exponer con sencillez realidades y valores que están presentes en la adolescencia. ¡Cuántos medios que capacitan y hacen crecer a los adolescentes! Lo sigo haciendo con estos tres puntos que hemos llevado a cabo en el "reconocer".

Realidad y propuesta de vida cristiana

45. *Comunidades cristianas.* Nuestra vida cristiana tiene un elemento muy necesario de vivir con otros y para los otros. Por eso nuestras comunidades parroquiales deben ser focos de relaciones nuevas en el que se vivencie la vida del cenáculo de la virgen María junto con los apóstoles. En la *Carta pastoral a los catequistas* así lo expresó: "Esta es la llamada que se hace a cada uno de nosotros y a las parroquias: vivir «hacia dentro» y «hacia fuera». «Hacia dentro» es: vivir unidos a Cristo en una comunidad cristiana que celebre, ore, crea y viva. Y «hacia fuera» es: ser capaces de morir a nosotros mismos, poniéndonos al servicio de los otros, expresando la humildad. Esto es hacer experiencia viva de

Cristo resucitado y de vivir unas nuevas relaciones generadas por él. Esta es la fraternidad mística que ha de estar presente y se ha de concretar de distintos modos"[10].

46. *El Día del Señor.* Cierta secularización que viven nuestros adolescentes cuando no se vive el domingo como un día dedicado al Señor y a la Iglesia. Son muchas las formas en las que se puede desprestigiar el domingo. Hemos de darle un valor importante para entender el tiempo y el ocio desde una perspectiva cristiana. "La asamblea dominical es un lugar privilegiado de unidad. En dicha asamblea las familias cristianas viven una de las manifestaciones más cualificadas de su identidad y de su «ministerio» de «iglesias domésticas», cuando los padres participan con sus hijos en la única mesa de la Palabra y del Pan de vida"[11].

47. *Iniciación cristiana.* Es todo el camino en el que la Iglesia, madre fecunda y maestra de la verdad y de la vida, hace nuevos cristianos. En la adolescencia es necesario seguir formando y forjando la vida del cristiano. No sólo un encuentro con Cristo puntual y transitorio, sino una vida de gracia, de fe y comunión eclesial profunda enraizada en certezas y verdades.

48. *La Iniciación cristiana no es solo la catequesis.* Ni la catequesis es transmisión de contenidos. Es acompañamiento, entrenamiento, vida centrada en el amor a Cristo y a la Iglesia-madre. Al modo que se nos narra en los *Hechos de los Apóstoles* en el que lo tenían todo en común y compartían la vida. La Iniciación cristiana ha de ser una vida en la que las dimensiones de creer, celebrar, vivir, orar y convivir estén presentes.

El papa san Juan Pablo II en la Exhortación apostólica *Catechesi tradendae* expresando cómo realizar una catequesis de adolescentes que pueda ser plena dice: "Podrá ser decisiva una catequesis capaz de con-

---

[10] Francisco Cerro, *Carta pastoral a los catequistas. Catequistas con entrañas de misericordia* 25.

[11] *Directorio diocesano para la Catequesis.*

ducir al adolescente a una revisión de su propia vida y al diálogo, una catequesis que no ignora sus grandes temas -la donación de sí mismo, la fe, el amor y su mediación que es la sexualidad-. La revelación de Jesucristo como amigo, como guía y como modelo, admirable y, sin embargo, imitable; la revelación de su mensaje que da respuesta a las cuestiones fundamentales; la revelación del plan de amor de Cristo salvador como encarnación del único amor verdadero y de la única posibilidad de unir a los hombres, todo eso podrá constituir la base de una auténtica educación en la fe. Y, sobre todo, los misterios de la pasión y de la muerte de Jesús, a los que san Pablo atribuye el mérito de su gloriosa resurrección, podrán decir muchas cosas a la conciencia y al corazón del adolescente y arrojar luz sobre sus primeros sufrimientos y los del mundo que va descubriendo"[12].

Aparecen elementos muy importantes que nos darán las claves para una Iniciación cristiana acertada. Es importante que estas acciones de la catequesis las expresemos en un medio de oración, saboreando las verdades fundamentales de la fe y llevándolo a la propia vida de modo comunitario y misionero.

49. *Grupos de adolescentes.* Una vez que nuestros adolescentes han acabado su proceso de Iniciación cristiana hemos de insertarles en una vida plena eclesial. Benedicto XVI habla así de lo que les corresponde a los adolescentes: "La conciencia de estar llamados a ser testigos de Cristo es necesario, ya que han de arraigar en el alma de los adolescentes la voluntad y la convicción de que participan en la vocación misionera de la Iglesia, en todas las situaciones y circunstancias de su vida. Si la fe se transforma realmente en alegría por haber encontrado la verdad y el amor, es inevitable sentir el deseo de transmitirla, de comunicarla a los demás. Por aquí pasa, en gran medida, la nueva evangelización"[13].

Habría que procurar que una vez recibido el sacramento de la confirmación se siguiera urgiendo a la plenitud de la vida cristiana en la comunión de la Iglesia. Es necesario proponer un itinerario de escuela de

---

[12] San Juan Pablo II, *Exhortación apostólica Catechesi tradendae* 38.
[13] Benedicto XVI, *Congreso de la Diócesis de Roma*, 11 de junio 2007.

evangelizadores con una misión o apostolado que pudieran realizar en las parroquias, asociaciones o movimientos. Esta es una de las crisis que más nos encontramos en la vida de la fe de los postconfirmados: no tienen nada que entregar. Lo que no se entrega, no te capacita para recibir. Es muy importante iniciar en una vida de discipulado que en el nombre de Jesús sean enviados de dos en dos como misioneros. En nuestra diócesis están surgiendo grupos de adolescentes que siguen distintos itinerarios desde metodologías formativas y experiencias de oración. Es importante y necesario. Lo valoro muy positivamente y sigo animando. Es bueno que no solo nos quedemos en contenidos o experiencias, sino que también les movamos al olvido de sí y a entregas concretas en apostolados o misiones. Respondiendo con decisión a su vocación. Eso fortalecerá su fe y les hará testigos valientes.

50. *Retiros de primer anuncio.* Hay muchos adolescentes que no han podido culminar su Iniciación cristiana, o se han enfriado por el ambiente ya desde edades muy tempranas, o el proceso de Iniciación cristiana ha podido ser débil u otras circunstancias. Es de tremenda importancia que siempre en el adolescente, como en otros momentos de la vida, realizamos el anuncio: "El primer anuncio debe provocar también un camino de formación y de maduración. La evangelización también busca el crecimiento, que implica tomarse muy en serio a cada persona y el proyecto que Dios tiene sobre ella. Cada ser humano necesita más y más de Cristo, y la evangelización no debería consentir que alguien se conforme con poco, sino que pueda decir plenamente: «Ya no vivo yo, sino que Cristo vive en mí» (Gal 2,20)"[14]. Que vuelva a resonar siempre el primer anuncio: "Jesucristo te ama, dio su vida para salvarte, y ahora está vivo a tu lado cada día, para iluminarte, para fortalecerte, para liberarte"[15].

Están surgiendo retiros-experiencias fuertes de fe en los adolescentes. Poniéndose mucho énfasis en un primer anuncio que les hace acercarse a lo silencioso y dramático de sus vidas. ¡Curar heridas! ¡Ser sanados! Esto es de tremenda importancia. Doy gracias a Dios por ello. Son

---

[14] Papa Francisco, *Exhortación apostólica Evangelii gaudium* 160.
[15] *Ibid.*, 164.

retiros que yo le llamo de "impacto" porque hace remover en los adolescentes ciertas situaciones conflictivas e integrarlas. Pero es necesario que junto a este momento se inicie todo un proceso de conversión y mirar a todo Jesús en la Iglesia.

51. *Clases de Religión y Escuela católica.* Tenemos a muchos adolescentes en nuestros colegios católicos, como también en la clase de Religión en los centros públicos. Agradezco de corazón toda la entrega de los educadores. Es muy importante la misión que realicéis. Esta realidad debe ser un foco de pastoral con adolescentes. Os debéis ver como sus acompañantes. Es un fundamento necesario para unir la familia y la parroquia: "Los centros educativos, en sus distintos niveles, contribuyen de manera significativa al proceso de socialización de los niños y jóvenes. En este proceso educativo la enseñanza de la Religión y la Escuela católica tienen la misión de integrar la dimensión religiosa de la persona y, más en concreto en nuestra cultura, la tradición de la fe cristiana"[16].

El profesor de Religión y la Escuela católica ha de realizar un crecimiento integral del adolescente: "Jesús iba creciendo y robusteciéndose, lleno de sabiduría; y la gracia de Dios estaba con él" (Lc 2,40). Hemos de ser conscientes de proponer la fe y a la vez presentarla como una transformación de la vida. La fe no quita nada. ¡Te hace grande!

Interior del adolescente

52. *Vivacidad de Cristo y la Iglesia.* La centralidad de la vida cristiana es "vivir con Cristo en la Iglesia". A veces pienso que nuestro ejemplo de vida, como también en la transmisión de la fe y en la alegría de comunicar dejamos mucho que desear. Presentamos la vida cristiana de manera muy desfigurada. Esto me preocupa. Porque la fe se transmite contagiando. La fe se expresa en vivacidad. El contacto con el Dios vivo tiene que hacer vislumbrar vida a los que nos dirigimos. Esta novedad

---

[16] Conferencia Episcopal Española, *Orientaciones pastorales para la coordinación de la familia, la parroquia y la escuela*, 25 de febrero de 2013.

no siempre está presente. Benedicto XVI hace este análisis tan profundo: "Nuestros adolescentes necesitan vivir la fe como alegría, gustar la serenidad profunda que brota del encuentro con el Señor. La fuente de la alegría cristiana es esta certeza de ser amados por Dios, amados personalmente por nuestro Creador, por aquel que tiene en sus manos todo el universo y que no ama a cada uno y a toda la gran familia humana con un amor apasionado y fiel, un amor mayor que nuestras infidelidades y pecados, un amor que perdona" [17].

Creo que aquí están una de las claves más importantes para vibrar en la Iglesia. A veces se puede poner mucho énfasis en un encuentro con Jesús. Pero esto es puntual y transitorio. Hemos de llegar a la comunión con Cristo. A la identificación con Él. Y en la vida de los adolescentes hemos de esculpir esta relación personal. No dejemos de presentar a Jesucristo vivo. ¡Vive y te transforma! Las crisis de fe se dan. Hay que anunciárselo a nuestros adolescentes. Las crisis no significan que Dios no exista y se manifieste en un silencio mudo. Sino que son la ocasión de un bien mayor. Como existe se dan las crisis.

53. *Conocimiento propio.* Cada vez más urge un conocerse en verdad: sentimientos, emociones, afectos, lo psicosomático y la sexualidad. ¡Somos un todo! El interior del adolescente es apasionante. Es necesario darle herramientas que les haga conocerse y quererse. El corazón es muy complejo y en estas edades aparece con más ahínco. Por eso no podemos dejar de ofrecer una educación más integrada en el que toda la persona esté presente: un conocimiento desde la persona de Jesús en su Palabra que da una perspectiva nueva. "La vida en el seguimiento de Cristo consiste en un cambio interior de la existencia. Me exige que ya no esté encerrado en mi yo, considerando mi autorrealización como la razón principal de mi vida. Requiere que me entregue libremente a otro, por la verdad, por amor, por Dios que, en Jesucristo, me precede y me indica el camino" [18].

---

[17] Benedicto XVI, *Discurso al Congreso Eclesial de la Diócesis de Roma*, 5 de junio de 2006.

[18] Benedicto XVI, *Homilía Jornada Mundial de la Juventud*, 1 de abril de 2007.

54. *Despertar la vocación.* A veces caemos en el riesgo de plantear la vocación sólo cuando un adolescente o bien está en el seminario menor o nos plantea que siente inquietud por el sacerdocio o la vida consagrada. Se ha de hacer un planteamiento vocacional en toda adolescencia para que la pregunta siempre esté presente y pueda ser respondida en verdad y docilidad. En la carta pastoral que escribí sobre la pastoral vocacional así lo expresé: "Por todo esto, la cuestión vocacional ha de ser transversal a toda la pastoral y ha de hacerse explícita y habitual en la vida de la familia, en la catequesis de iniciación cristiana, en las clases de religión, en la pastoral de los colegios, en las homilías, en las reuniones de monaguillos, en los grupos de jóvenes o de matrimonios, en los itinerarios de formación, en los medios de comunicación, en la pastoral de enfermos... En definitiva, a todos nos compete la misión de crear una cultura vocacional que nos ponga a cada cristiano en clave de escucha y respuesta, de modo que podamos decir con santa Teresita: "He hecho absolutamente todo lo que estaba en mis manos para responder a lo que Dios me pedía"[19].

Entorno

55. *Familia-comunicación.* La vida familiar es lo más sanador y necesario para el crecimiento del adolescente. Es verdad que a veces en esta etapa se sufren incomprensiones y no siempre se sabe acertar de cómo llegar a entender lo que significa la autoridad y la autonomía. Agradezco a los padres sus entregas y desvelos. También observamos como la familia se desintegra y rompe. Apareciendo como muchas veces los padres se sienten impotentes en la educación de los hijos. "En la convivencia doméstica la familia realiza su vocación de vida humana y cristiana, compartiendo los gozos y expectativas en un clima de comprensión y ayuda recíproca. Por eso, el ser humano, que nace, crece y se forma en la familia, es capaz de emprender sin incertidumbres el camino de bien, sin dejarse desorientar por modas o ideologías alienan-

---

[19] Francisco Cerro, *Carta pastoral sobre la pastoral vocacional. Le hablaré al corazón* 20.

tes de la persona humana"[20]. Es importante que todos tengamos una mentalidad hacia el bien de la familia. Ahí es de tremenda importancia los COF (Centro de Orientación familiar) de nuestra diócesis.

56. *Pandilla-amistad-bandas.* Es un momento muy importante para forjar verdaderas amistades. En los grupos parroquiales, de movimientos, asociaciones de Iniciación cristiana tienen un componente de mucha importancia los grupos de amigos. Esto hay que tenerlo presente. Los grupos de adolescentes que se forman han de vivirse desde el amor de Jesús. "El amor crece a través del amor. El amor es «divino» porque proviene de Dios y a Dios nos une y, mediante este proceso unificador, nos transforma en un Nosotros, que supera nuestras divisiones y nos convierte una sola cosa, hasta que al final Dios sea «todo para todos»" (*cf.* 1 Cor 15,28)[21].

57. *Ocio-fiesta-redes sociales.* En todo esto hay una verdad desde la vida cristiana que hemos de presentar constantemente: todo queda iluminado por la fe. Estas realidades tienen mucho que ver en nuestros adolescentes. El elemento común del ocio, la fiesta y las redes sociales que se presenta hoy es: vive otra vida distinta. Hemos de estar vigilantes. Así el papa Francisco expresa: "¿Quieres hacer algo nuevo en la vida? ¿Quieres rejuvenecer?: No te contentes con publicar algún post o algún tuit. No te contentes con encuentros virtuales, busca los reales, sobre todo con quien te necesita; no busques la visibilidad, sino a los invisibles. Esto es original"[22].

58. *Educación.* Nos encontramos en el análisis que hacemos de nuestros adolescentes ante el drama de cómo entendemos la educación y

---

[20] Benedicto XVI, *Carta a la Conferencia Episcopal Española con motivo de la peregrinación nacional al santuario de Nuestra Señora del Pilar de Zaragoza*, 19 de mayo de 2005.

[21] Benedicto XVI, *Carta encíclica Deus caritas est* 18.

[22] Papa Francisco, *Encuentro en la Escuela Internacional de san Dionisio de las monjas ursulinas*, Atenas.

cómo podemos guiar para que se dé una madurez plena. Ya que en el día a día se han de dar relaciones sanas. A veces puede haber muchas ideologías y formas de entender la educación como: tener unos contenidos-doctrinas o dar importancia a ciertas dimensiones de la persona. Pero eso no vale para la vida si no forjamos desde el interior y la verdad. Benedicto XVI nos clarifica cuál es la brújula: "Educar jamás ha sido fácil, y hoy parece cada vez más difícil. Se habla de una gran «emergencia educativa», confirmada por los fracasos en los que muy a menudo terminan nuestros esfuerzos por formar personas sólidas, capaces de colaborar con los demás y de un sentido a su vida"[23].

59. *Trabajo.* Es expresión del sentido de la vida porque lo que hacemos tiene que ver con nuestro interior. Por eso las oportunidades laborales a nuestros adolescentes es cosa de todos. Y hemos de crear una cultura en la que se dé la preocupación por trabajos duraderos, plenos y eficaces. Hay toda una educación que se ha de realizar en nuestros adolescentes desde la vida de fe ayudándoles al no consumismo, al no malgastar, a la responsabilidad, al trabajo bien hecho. "El trabajo es un derecho del hombre y, por consiguiente, debe ser garantizado creando posibilidades adecuadas para todos y especialmente para los jóvenes"[24].

c) ELEGIR: Jesús toma los panes que el adolescente le presenta

61. No solo hemos de proponer a nuestros adolescentes la amistad de Cristo, sino una amistad con Cristo. Vivir con Jesús. Este es el corazón y secreto de la vida cristiana. Hemos de crear y explicitar una verdadera escuela de amistad con Jesús. Para los adolescentes tiene un valor importante la amistad. Los amigos nos enseñan en nuestra vida a pulir nuestros afectos, a crecer en nuestras entregas, a cuidar la intimidad. La amistad es estable, firme, fiel y madura con el paso del tiem-

---

[23] BENEDICTO XVI, *Carta a la Diócesis de Roma sobre la tarea urgente de la educación*, 21 de enero de 2008.

[24] SAN JUAN PABLO II, *Carta apostólica Dilecti amici* 12.

po. Para Jesús es muy importante la amistad y se presenta como amigo. "La amistad con Jesús es inquebrantable. Él nunca se va, aunque a veces parece que hace silencio. Cuando lo necesitamos se deja encontrar por nosotros (*cf.* Jer 29,14) y está a nuestro lado por donde vayamos (*cf.* Jos 1,9). Porque él jamás rompe una alianza. A nosotros nos pide que no lo abandonemos"[25].

62. *La amistad con Jesús nos lleva a compartir cosas secretas.* A conversar constantemente con él. "La oración es un desafío y una aventura. ¡Y qué aventura! Permite que lo conozcamos cada vez mejor, entremos en su espesura y crezcamos en una unión siempre más fuerte. La oración nos permite contarle todo lo que nos pasa y quedamos confiados en sus brazos, y al mismo tiempo nos regala instantes de preciosa intimidad y afecto, donde Jesús derrama en nosotros su propia vida"[26].

63. *Con Cristo en la Iglesia.* La Iglesia es el grupo de los amigos de Jesús que forman una comunidad tan grande y especial que llamamos "pueblo de Dios". Hemos sido llamados y elegidos para formar una nación santa. Él nos ha elegido. Él es fiel. Y como ciudadanos somos llamados para realizar una misión. La Iglesia es el lugar privilegiado donde acogemos y entregamos la salvación para todos los hombres. Aquí somos muy eficaces. La vida tiene un valor incalculable cuando colaboramos y participamos del bien de todos.

Ser «discípulos misioneros»

64. Todo lo anterior que he ido exponiendo se resume con la expresión "discípulos misioneros". La Iniciación cristiana recibida en la adolescencia nos lleva a esta vida con Cristo en la Iglesia. ¡La amistad con Cristo en la Iglesia nos hace ser discípulos misioneros! Por el bautismo todos hemos de vivir la fuerza de la evangelización. Hacer con nuestras vidas

---

[25] Papa Francisco, *Exhortación apostólica Christus vivit*, 154.
[26] *Ibid.*, 155.

expresión viva del amor de Jesús. Todo cristiano es discípulo porque tiene una relación de amistad con Jesús profunda. Se ha encontrado con el amor de Jesús. Ha tenido una vivencia de vivir con él, de estar y compartirlo todo con él. De vivir de la fe, la esperanza y la caridad con Cristo. Todo cristiano es misionero "en la medida en que se ha encontrado con el amor de Dios en Cristo Jesús; ya no decimos que somos «discípulos» y «misioneros», sino que somos siempre «discípulos misioneros»"[27]. El amigo se convierte en discípulo cuando la verdad del amigo le convence. Tiene una relación de amor, humildad, sin imposiciones. El misionero es el que ha sido convencido de un gran amor que no puede callárselo, ha de salir de su tierra.

65. Habría como distintos momentos para que se exprese esta formación de cristianos, en la etapa de los adolescentes, que se debería realizar a la vez: personas que encarnen la gran novedad de ser cristianos (serían los acompañantes), presentar el testimonio y el servicio como el alma de la vida del cristiano, entrar en el diálogo y la escucha como elementos de transmisión, el anuncio explícito de Jesucristo y vivir esta vida en la comunidad. También veo conveniente que se realicen como distintos "pasos de fe y de vida comunitaria" a lo largo de toda la adolescencia en los grupos para que se ponga de manifiesto lo sensible de las distintas etapas de madurez del adolescente y su integración en la vida comunitaria eclesial.

Elementos necesarios para formar «discípulos misioneros»

66. Escucha de la palabra de Dios. La palabra de Dios ha de estar presente en toda la adolescencia. Es luz para nuestros pasos y guía para nuestras decisiones. La centralidad de la palabra debería ser una educación constante: dejamos a Dios que habla y entramos en su lenguaje. Ante tanto ruido circundante es necesario entrar en el silencio de la palabra que se ha hecho carne y entra en nuestra propia vida. ¡Esto lo necesita el adolescente!

---

[27] Papa Francisco, *Exhortación apostólica Evangelii gaudium* 120.

Invito a que, en la Iniciación cristiana o grupos parroquiales, asociaciones o movimientos se use la palabra de Dios. En todos los encuentros debe estar presente la escucha y atención a lo que Dios nos quiere decir. Entrar en la palabra, en la verdad, desde la Tradición y el magisterio de la Iglesia. Que la palabra se pueda comentar, dialogar, escrutar... No dejemos de dar este alimento que transforma y fundamenta la vida cristiana.

67. *La oración.* La oración es algo que hay que cuidar mucho en la vida de nuestros adolescentes. La relación personal con las presencias de Jesús se ha de continuar y la madurez será una relación total con todo Jesús. A veces constato como a partir de la adolescencia por cierta frialdad que podemos percibir no crecemos en esta especial escucha. Es de tremenda urgencia crecer en la vida de oración. Esa etapa es la más apropiada para que se desarrolle una vida plena en conocimiento, confianza y diálogo con Jesús. En los adolescentes hay que crear escuelas de oración para que se tenga la experiencia bellísima del amor de Dios en lo profundo de ellos. Por eso las delegaciones de catequesis y de adolescencia-juventud van a preparar catequesis sobre la vida de oración. Conocer a algunos maestros de vida espiritual, iniciar en los distintos modos de oración, vivir de los lenguajes del espíritu. Serían temas importantes para ellos.

68. *Encuentros de fe, vida y oración.* Los encuentros de formación deberían ser vivencias de un paso de Dios por medio de ellos en el que se pueda dar estos elementos necesarios: creer, exponer la propia vida e iluminarla en espíritu de oración. La palabra de Dios ha de tener una gran centralidad. Los temas de formación serían según los distintos itinerarios que después detallaré. Estos encuentros se han de dar con una programación en el que el ritmo litúrgico y la manifestación de toda la fe cristiana se ha de exponer.

69. *La vivencia sacramental* se ha de dar en una educación progresiva en el que se ponga de manifiesto el misterio y la vivencia profunda de entregar toda la vida. El sacramento de la eucaristía se puede ir celebrando y catequizando en algunos encuentros con los adolescentes.

El sacramento de la penitencia hemos de proponerlo como una celebración habitual en su vida. No dejarlo para algunas ocasiones, sino acrecentar las confesiones en esta etapa de la vida. Para que se dé una ocasión de formar conciencia y también para acrecentar la misericordia y del amor del Señor en estas edades. Para ello es importante que les ayudemos en exámenes de conciencia que les pueda servir de guía, incluso de revisión de vida.

70. *Acompañamiento espiritual.* A veces esperamos a los años de la juventud para ofrecer la dirección espiritual. Veo de mucha necesidad iniciar este acompañamiento tan valioso en los adolescentes, en su más temprana edad. Es verdad que hay que realizarlo de otra manera. Hay que primar el diálogo, la revisión de vida. Dando primacía a la vivencia y las experiencias. Puede estar presente el sacramento de la confesión. Cuidando los exámenes de conciencia y desde la palabra de Dios poder hacer ciertas lecturas que vaya dirigida a la propia vida. Siempre sin violentar y respetando en todo momento la progresión de cada uno en el compromiso y la vida de fe. Las delegaciones de catequesis para los que estén en Iniciación cristiana y de adolescencia-juventud prepararán unos materiales-guías-esquemas para los sacerdotes para que puedan realizar este acompañamiento tocando los temas y puntos más convenientes

71. *Discernir la propia vocación.* La vocación ha de presentarse de manera transversal en toda la adolescencia. Propongo que también se trabaje en los momentos personales con los adolescentes desde el "tú a tú". Que se interiorice y entre en ciertas claves que son importantes para responder al Señor en la vocación. En esta etapa de la vida hay ofrecer discernimientos que tengan que ver con los desprendimientos, dónde ponen el corazón, cuáles son sus ídolos, cuál es la imagen que tienen de ellos, qué están dispuestos a entregar. En un diálogo y revisión de vida permanente estas cosas pueden ser muy lúcidas para descubrir lo que Dios les pide. Es importante que en este acompañamiento vocacional se cuente la presencia del seminario menor para que se visibilice en la adolescencia la pregunta vocacional.

72. *Educación de actitudes, emociones, afectividad y sexualidad.* Se ha de realizar un acompañamiento desde las necesidades humanas de nuestros adolescentes. ¡Aquí nos jugamos mucho! Desde la fe hemos de acercarnos y realizar el crecimiento necesario. La fe no es ciega a los deseos más profundos del corazón del adolescente. La educación de actitudes, de emociones, de afectividad, psico-somática y de sexualidad no es cuestión de ofrecer información o de entrar en casuísticas de conocernos a nosotros mismos. Sino que, desde la Palabra de Dios, el magisterio y la Tradición de la Iglesia hemos de recibir luces sobre el conocimiento del corazón del hombre y nuestro propio corazón. Desde aquí hemos de iluminar e integrar la mente, el corazón y el cuerpo. No somos seres despersonalizados, sino que nuestro ser más profundo define a toda nuestra persona.

Animo a que se vuelva a desarrollar y actualizar el proyecto YOENTI de educación afectivo-sexual en nuestra diócesis con adolescentes. Para que sigamos iluminando toda la persona a la luz del Amor verdadero.

73. *El grupo y la vida comunitaria.* En la adolescencia hay un componente muy importante como son las relaciones humanas. Hay que dar importancia al grupo y la vida comunitaria como un lugar de expresiones y de compartir. En estas edades se comienza un trato especial con la fe cuando están presentes los amigos y también cuando se inicia la amistad. Es una ocasión propicia para no crear grupos estufas de adolescentes, sino de perfilar y dignificar la amistad. Aquí tiene mucha importancia las iniciativas de la delegación de ocio y tiempo libre. También es importante que introduzcamos aspectos cristianos del buen uso del tiempo libre en la catequesis y en los grupos.

La comunidad parroquial debe también acogerlos y dar importancia a este grupo que conforma la parroquia. Aquí es de gran importancia que en todo el tiempo de la Iniciación cristiana como en los grupos parroquiales presentemos todas las acciones de misión que se puedan realizar.

74. *El día del Señor, el descanso, el ocio y tiempo libre.* Invito a que se cuide todo lo que se pueda el domingo como un día especial de encuentro con los adolescentes. Dando importancia a la celebración de la eucaristía en la comunidad y de tener un grupo para compartir la fe. Así estaremos dando un sentido cristiano al descanso, al ocio y al tiempo libre.

Me parece muy importante que también en el acompañamiento al adolescente cuidemos el tiempo libre, el ocio y el juego. Es importante que entendamos que no solo la formación es acoger una charla, sino también se puede asimilar y acoger la vida cristiana desde el juego y el ocio.

75. *Apostolado.* Esto es muy necesario en nuestros adolescentes. Ofrecerles experiencias de entrega y donación a los demás. Hay que crear en los grupos de adolescentes cultura de tener una misión.

Son varias las acciones que pueden realizar nuestros adolescentes como: la participación de coros parroquiales, apostolado de premonitores con los niños de catequesis, voluntariado de Cáritas, monitores de campamento, concienciación provida en la comunidad parroquial, acciones a favor de Manos Unidas...

76. *ERE y la Escuela católica.* La Educación Religiosa Escolar es la ocasión para que se haga un apostolado de acercamiento y propuesta. Haciendo que la clase de religión sea la ocasión de hacer ver que la religión transforma la cultura. Así como la Escuela católica. La pastoral en los colegios católicos debe ofrecer la buena noticia y dar la posibilidad de acogerla. Es importante cuidar los testimonios y las acciones para que pueda ser acogida la propuesta de fe y vida.

77. *La música y la imagen.* Surgen en nuestros adolescentes cristianos una nueva moda de canciones religiosas y de arte cristiano.

Sigo animando a que se siga impulsando esta nueva cultura. Demos énfasis a la música como expresión de evangelización y comunicación de la palabra de Dios. Al igual que en la imagen cuidemos los detalles de profunda espiritualidad que encierran ciertas expresiones que se elabora desde un arte religioso juvenil.

Elementos a tener en cuenta en los itinerarios en la formación cristiana en los adolescentes

78. *Iniciación cristiana.* Un itinerario es el de la Iniciación cristiana de forma continuada. Puede estar presente a veces una tentación sacramentalista, pero que se supera con un iniciar a la vida de fe y la vida comunitaria en la Iglesia. "Porque el fin definitivo de la catequesis es poner a uno, no sólo en contacto, sino en comunión, en intimidad con Jesucristo"[28].

En este itinerario es necesario seguir cuidando y estar atentos al despertar a la fe y a la vida espiritual. Iniciándoles y madurando en la vida de oración. También en la vida de relación personal con Cristo en su palabra, en la eucaristía, en la comunión, en los necesitados.

Aquí es muy importante seguir cuidando las dimensiones de la catequesis en el que se mime la práctica penitencial y una educación con Jesús eucaristía en la misa y en la adoración. Educando para la misión y la evangelización. El catecismo que ha de estar presente y sigue vigente en esta catequesis es *Testigos del Señor* de la Conferencia Episcopal Española. Desde la Delegación de Catequesis están proveyendo para seleccionar las sesiones, desde las distintas dimensiones, según los años que se realice. Sigo aconsejando los Cuadernos de vida de la Acción Católica para estas edades.

Otro itinerario es el de los adolescentes que en su proceso de Iniciación cristiana lo pausaron y lo inician a partir de 12 o 13 años. En este itinerario hay que poner acento en el anuncio kerigmático y en un despertar a la vida de fe. Volviendo a proponer la vida de la fe en la profesión, la celebración, la vida y la oración. También se ofrecerán sesiones necesarias desde *Testigos del Señor* para su formación desde la Delegación de Catequesis.

Otro itinerario es el de los adolescentes que inician la Iniciación dristiana para recibir los sacramentos. Aquí sería en clave de catecumenado de adultos en el que se irían siguiendo los pasos del RICA. Es muy importante en este itinerario que este acompañamiento sea una acción

---

[28] SAN JUAN PABLO II, *Exhortación apóstolica Catechesis tradendae* 5.

de toda la comunidad cristiana. Y en el que se dé una integración y un conocimiento mayor de la vida eclesial.

79. *Grupos parroquiales.* Después de la recepción del sacramento de la confirmación habría que tener como un curso de mistagogía de este sacramento. También en ese curso se puede aprovechar un monográfico sobre la misión. Formarles como evangelizadores. E iniciar como un pequeño proceso de cristianos adolescentes que han recibido los sacramentos de la Iniciación cristiana y que desde el Evangelio de san Lucas y los Hechos de los Apóstoles van vivenciando esa experiencia. Y que en esos años se vayan realizando como pasos para seguir integrándose en la comunidad.

Valoro muy positivamente los materiales del *Iforma* de nuestra archidiócesis que publicó el SEPAJU. Invito a que se siga renovando y que sirva de proceso de vida en estos años, como también pueda ser de luz para aquellos adolescentes que están integrados en asociaciones o movimientos eclesiales.

80. *Adolescentes que han recibido el primer anuncio.* Aquellos adolescentes que hayan realizado retiros o acciones de evangelización han de iniciar o culminar su Iniciación cristiana en la catequesis que se propongan en las comunidades parroquiales. Si han culminado la Iniciación cristiana es necesario que necesario que se integren en la vida parroquial, de asociaciones o movimientos para que puedan realizar este acompañamiento de vida en todas las dimensiones.

81. *Adolescentes "invisibles".* Tantos adolescentes que no llegan a la pastoral que se realiza en nuestras comunidades parroquiales, asociaciones o movimientos podrán ser alcanzados desde el testimonio de los mismos adolescentes "discípulos misioneros". Pido que en nuestros adolescentes les ayudemos a proclamar y anunciar a sus iguales este tesoro único: el amor de Cristo en la Iglesia.

Lugares

82. Me gustaría subrayar como los lugares idóneos para que los adolescentes puedan vivir su fe:

La parroquia. Creando itinerarios y procesos necesarios para el crecimiento de los adolescentes. También proveyendo de acompañantes que tengan como un ministerio o servicio la ayuda a adolescentes.

El arciprestazgo. Crear encuentros y acciones que puedan hacer que convivan los adolescentes y que tengan distintos momentos importantes para que se vea lo necesario de la comunión. Para ello la Delegación de Adolescencia y Juventud está viendo el modo de realizar distintos encuentros para que los adolescentes puedan realizar. Aquí también invito a aquellas parroquias que no pueden tener grupos de adolescentes porque sean pequeñas lo puedan realizar desde el arciprestazgo.

Acciones diocesanas. La Delegación de Adolescencia y Juventud provee de encuentros y jornadas para que se puedan tener acontecimientos eclesiales en todas las dimensiones de la fe. Para aquellos adolescentes que están realizando la Iniciación cristiana tendremos algunos encuentros organizados por la Delegación Catequesis y la de Adolescencia y Juventud. Sobre todo, quisiera anunciar el encuentro anual que tendremos en la Cuaresma con los que se preparan a la confirmación para realizar una celebración en la que depositen el aceite que luego bendeciré y consagraré en la Misa Crismal.

d) Conclusión

83. Termino esta parte dirigida a vosotros adolescentes con palabras del papa Francisco: "Queridos adolescentes: Permaneced estables en el camino de la fe con una firme esperanza en el Señor. Aquí está el secreto de nuestro camino. Él nos da el valor para caminar contra corriente. No habrá dificultades, tribulaciones, incomprensiones que nos hagan temer si permanecemos unidos a Dios como los sarmientos están unidos a la vid, si no perdemos la amistad con Él, si le abrimos cada vez más nuestra vida. Confiemos en la acción de Dios. Con Él podemos hacer cosas grandes y sentiremos el gozo de ser sus discípulos, sus testigos"[29].

---

[29] Papa Francisco, *Homilía en el V Domingo de la Pascua*, 28 de abril de 2013.

IV. ¡JÓVENES! ¡SOIS EL AHORA DE DIOS!

84. Los jóvenes hoy en día se presentan como este niño, con lo que tienen, sea más o sea menos. Por eso, muchas veces, como este niño, se les ve como unos candidatos improbables para salvar el día, para salvar nuestro futuro. Esto también nos recuerda al rey David, el niño pastor, que también había sido un oponente improbable para enfrentarse con Goliat. Su pequeña ofrenda es tan inadecuada como lo fue la honda de David. El niño tiene poco que ofrecer, pero lo ofrece. Jesús transformará eso poco a más que suficiente.

Desde esta clave vamos a mirar a los jóvenes de hoy. Pero no con una mirada desesperanzada, pensando que el futuro está en manos de personas que no pueden, ya que en muchos casos vemos como los jóvenes son líquidos (no en vano, así se denomina a la juventud hoy, la generación líquida): personas que cambian, que no son capaces de establecer fundamentos en sus vidas y que están sometidas a los vaivenes de las ideologías. No podemos caer en esta desesperanza. ¿Por qué? Porque Jesucristo transforma lo poco en más que suficiente, como vemos en el milagro que hará. Los jóvenes sí que podrán cambiar el futuro, y no solo el futuro, también el presente. Como dijo el papa Francisco: "Los jóvenes son el ahora de Dios". Para que esto suceda, desde nuestras parroquias o movimientos debemos favorecer una única cosa: que este encuentro entre la pobreza y la auténtica riqueza, que es Cristo, se produzca.

85. ¿Qué pasaría si el niño no hubiera estado dispuesto a compartir su comida? ¿Qué pasaría si dijera, necesito esto para mí? Si ese niño no hubiera compartido su pan o sus peces, hubiera habido una obra maestra menos en la historia.

Para realizar su obra, Jesucristo no necesita nada especial, solo lo que le podamos dar. Este tiene que ser nuestro empeño en la pastoral: que los jóvenes den lo que tengan al Señor, él se encargará del resto. Quizá no tengamos mucho que dar, pero él necesita lo que tenemos.

a) RECONOCER: Aquí hay un muchacho que tiene cinco panes y dos peces

Los jóvenes hoy en día

86. Intentar interpretar lo que está pasando en la cultura juvenil es complicado. Son tantas las perspectivas desde las que situarse para intentar leer la realidad, que es complicado hacer un análisis que nos ayude a tener una brújula para saber por dónde ir.

A las situaciones extraordinarias que nos han venido en nuestro pasado más inmediato (la pandemia, la guerra a las puertas de Europa, la crisis de la economía mundial...) viene añadida la herida permanente del pecado, que hace que siempre haya en nuestra sociedad desequilibrios en todos los lugares del planeta. Nos encontramos en lo que podemos llamar una crisis estructural permanente. ¿Cómo situarnos ante esta realidad que tienen que afrontar nuestros jóvenes?

87. *Datos sociológicos.* En España se constata que un 31,6 % de los jóvenes se declara católicos (incluido los no practicantes). Es más, el porcentaje de católicos practicantes es de un 17,6 %. Por primera vez en los registros, los ateos y agnósticos son más que el porcentaje de la población religiosa en nuestro país ¿Por qué este abandono de la fe? Una de las principales causas es la cuestión generacional. Vemos como ha habido una ruptura de la cadena de transmisión de la fe: el paso de padres creyentes a hijos no creyentes asciende al 31 %.

También podemos observar cómo el mundo de los jóvenes es el "continente" con el que la Iglesia tiene más dificultades para entrar en contacto.

Rasgos de la cultura juvenil hoy

88. Voy a subrayar algunos rasgos característicos de la cultura juvenil hoy que dificulta la recepción y la vivencia de la fe.

89. *Consumismo* ha crecido exponencialmente entre los jóvenes. Son los jóvenes y adolescentes los que tienen menos defensas contra estos cantos de sirena de la publicidad y la moda. En muchos casos, nuestros jóvenes son la versión del s. xxi del joven rico, el cual fue incapaz de seguir a Jesús a causa de sus bienes y no sabiendo encontrar la verdadera felicidad.

90. *Obsesión por las nuevas tecnologías.* De hecho, son los nativos digitales. En este tema no podemos ser apocalípticos ni tampoco demonizar a los medios digitales, pues se ha visto que tienen numerosas ventajas.

Pero a la vez que vemos esto, también observamos sus riesgos, por ejemplo: estamos procediendo a la construcción de culturas burbuja donde los jóvenes se refugian detrás de las redes sociales como su zona de seguridad. En estas burbujas han empezado a encontrar nuevos referentes, nuevos modelos dentro de su aislamiento digital.

Con las nuevas tecnologías han venido a nuestra sociedad numerosas distracciones que nos separan para el fin para el que hemos sido creados (*Ejercicios Espirituales* 23).

91. *La cultura de lo inmediato.* También se ha llamado a las nuevas generaciones como "la generación clic", ya que están acostumbrados a obtener una respuesta desde un simple clic, solo con un mínimo movimiento. Esto ha desarrollado la cultura de la inmediatez.

92. *Hiperemotividad.* Los jóvenes de hoy son especialmente sentimentales, más que en otras épocas. Por eso, hoy en día la madurez afectiva suele retrasarse. Y esto afecta a la vivencia de la fe, pues la inmadurez humana dificulta la madurez cristiana.

93. *Proliferación de las ideologías*: "En Europa, en América, en América Latina, en África, en algunos países de Asia, hay verdaderas colonizaciones ideológicas. Y una de estas, lo digo claramente con «nombre y apellido», es la teoría de género"[30]. En nuestro mundo se constata la proliferación de numerosas ideologías que pretenden romper con toda

---

[30] Papa Francisco, *Carta a los obispos de Polonia para JMJ*, 2016.

tradición cristiana. Vemos como, en multitud de ideologías, van en contra de la idea de Dios y de la dignidad de la persona humana.

En contra de estas ideologías, tan presentes entre nuestros jóvenes y que tanta confusión crea, debemos poner el altavoz de la Sagrada Escritura, cuyo mensaje fundamental es que el ser humano es criatura de Dios. Dios coloca al ser humano en el centro y cumbre de la creación: al hombre Dios le insufla el aliento de vida. De ahí que el ser humano no es algo, sino alguien. Es capaz de conocer y de darse y entrar en comunión libremente con otra persona. Y, además, es llamado a una alianza con su creador.

94. Pero sin duda, un rasgo que no falta nunca entre los jóvenes de todos los tiempos es que son personas en estado de búsqueda. La disminución de la práctica religiosa no quiere decir que haya disminuido la búsqueda espiritual: "En algunos jóvenes reconocemos el deseo de Dios, aunque no tengan todos los contornos del Dios revelado. En otros podremos vislumbrar un sueño de fraternidad, que no es poco. En muchos habrá un deseo real de desarrollar las capacidades que hay en ellos para aportarle algo al mundo. En algunos vemos una sensibilidad artística especial, o una búsqueda de armonía con la naturaleza. En otros habrá quizás una gran necesidad de comunicación. En muchos de ellos encontraremos un profundo deseo de una vida diferente. Se trata de verdaderos puntos de partida, fibras interiores que esperan con apertura una palabra de estímulo, de luz y aliento" (*ChV* 84).

El joven católico hoy

95. El joven que sigue a Cristo hoy se sabe tocado por Dios, algo que en muchas ocasiones no sabe explicar, pues sabe que es algo que le transciende. Se sabe amado por alguien que le reclama. Algo que desea vivir en comunidad, pues sabe que no está solo. Es un joven que al principio piensa que, el estar viviendo la fe, es una decisión personal suya, pero que después entiende que es un camino de respuesta a una llamada de Dios.

Como esta presencia de Dios en su vida no es entendida, el joven de hoy tiene muchas dudas, y más cuando contrasta la vida que tiene alrededor y la vida que Dios le quiere ofrecer. Esto es un gran sufrimiento para él, pues se siente entre dos mundos: la vida que ve a su alrededor y la presencia innegable de Dios en su vida ¿Cómo conjugar estos dos mundos? ¿Cómo vivir la realidad de mi vida respondiendo a la llamada que Dios me hace? Este, en realidad, es el gran reto para el joven católico de hoy. De ahí que la vida de oración y coherencia con lo que Dios quiere, siempre sea un gran reto.

96. El joven católico de hoy también está lleno de la cultura de lo inmediato, la cultura cambiante de hoy en día. Y en su relación con el Señor también verá que se mueve entre momentos de mayor o menor intensidad, de distanciamiento o relajación. Pero, aun así, siempre tendrá la conciencia de que Dios le acompaña y que lo quiere para una felicidad plena, aunque no siempre haga caso a esta llamada.

Tienen que ir viviendo más plenamente esta conciencia de Dios en su vida, no solo en ciertos momentos, sino en toda su vida. El Señor, lejos de ser algo más en una vida con tantas ofertas... tiene que ser la referencia para toda su vida. No solo tiene que ser un refugio para los momentos malos, sino una presencia permanente.

97. En definitiva, tienen que ver que Cristo no es algo abstracto en su vida, sino alguien concreto, alguien que le ha hablado en su vida concreta: "No se comienza a ser cristiano por una decisión ética o una gran idea, sino por el encuentro con un acontecimiento, con una persona, que da un nuevo horizonte a la vida y, con ello, una orientación decisiva"[31].

Este es el camino de la pastoral juvenil: hacer ver al joven que el cristianismo es el encuentro con Cristo. Solo la permanencia en este encuentro es lo que cambia auténticamente la vida.

98. *La cultura juvenil en nuestra archidiócesis*. Nuestra diócesis no es ajena a los movimientos culturales de hoy en día, vivimos en la misma realidad. No en vano, observamos que en nuestra diócesis siempre ha

---

[31] BENEDICTO XVI, Carta encíclica *Deus Caritas est* 1.

sido cuidada nuestra pastoral juvenil. Esto es, en gran medida, gracias a la labor de tantos buenos sacerdotes que han querido dedicarse al cuidado de esta pastoral.

Vemos como en nuestra diócesis han florecido numerosos movimientos juveniles: grupos de jóvenes parroquiales, grupos de adoración, jóvenes que se reúnen en oración de alabanza o a celebrar una hora santa; grupos de Hakuna o movimientos que favorecen la pastoral juvenil: Getsemaní, Peregrinos de María, Camino Neocatecumenal, Renovación Carismática, Oasis, Santa María de los Pinos, Acción Católica General... todos ellos muy implicados en esta tarea.

Aun así, todavía constatamos que tenemos dificultad y que es necesario no cansarse en esta bella tarea y continuar con un impulso renovado.

99. *Conclusión.* Después de hacer este repaso a la cultura juvenil de hoy, tenemos que ser conscientes que no podemos aglutinar a las personas en números y en estudios, pues cada persona es única e irrepetible, querida por Dios de una manera personal. Por eso, a la hora de analizar esta pastoral vocacional juvenil, lo primero que tenemos que tener presente es que no hay un solo método válido, no hay pastorales mejores o peores para los jóvenes (sí que podemos establecer una diferencia entre pastorales mejor o peor preparadas, pastorales donde nos implicamos más o menos). Lo único que hay es el Evangelio, donde vemos que Cristo ama a cada persona de una manera única. Ese sí que es el único método válido: amar como Dios nos ama, lo único capaz de cambiar los corazones, lo único capaz de hacer ver a un joven que su vida merece la pena, que su vida, vivida con Dios, es auténticamente plena.

Por eso, tengamos esto en cuenta: la pastoral, para que sea fructífera, para que cada uno encuentre la vocación a la que Dios le llama, tiene que ser una pastoral desde el corazón de Cristo. Una pastoral que se haga presente, que acompañe; que no busque la eficacia, sino la misericordia; que no busque el fruto, sino el sembrar; que no busque el trasmitir personalismos, sino transmitir a Cristo. Todo tiene que ser una pastoral desde el amor de Dios.

b) INTERPRETAR: ¿Qué es esto para tanta gente?

100. Después de haber proyectado este marco general sobre los jóvenes y la situación actual en la que viven, nos podemos hacer la misma pregunta que se hicieron los discípulos: "¿Qué es esto para tanta gente?" (Jn 6,9).

El milagro de la multiplicación de los panes y los peces nos recuerda a lo que le aconteció al profeta Eliseo, que con veinte barras de pan alimentó a cien personas, y sus siervos le dijeron casi las mismas palabras: "¿Cómo voy a poner esto delante de cien hombres? Y él mandó: Dáselo a la gente y que coman, porque así dice el Señor: comerán y sobrará" (2 Re 4,43).

Sin duda, estos dos pasajes nos remiten a una realidad que siempre ha estado presente en la historia de la humanidad: la pobreza de nuestra ofrenda.

¿Cómo cambiar la pobreza de nuestra vida para ser alimento para tantos? Sin duda, viviendo nuestra vida en clave vocacional. Que nuestra vida sea una respuesta constante a la llamada que Dios nos hace a cada uno. Y esto lo tenemos que mostrar a nuestros jóvenes con renovado entusiasmo.

101. Muchos jóvenes ven que no pueden cambiar, o que es muy difícil cambiar ciertas cosas y surge la desesperación ¡No podemos conseguir esto! Es cierto, hay cosas que nosotros no podemos cambiar, una persona no se puede salvar a sí misma. Pero: "Te basta mi gracia, la fuerza se realiza en la debilidad" (2 Cor 12,8). En Cristo es donde encontramos la verdadera fuerza para que nuestra vida sea plena.

Por esto es muy necesario que los jóvenes encuentren comunidades que les haga patente esta verdad tan profunda: Cristo te quiere, y no solo te sana, sino que, si le entregas tu vida, te transforma.

Dificultad de muchas comunidades parroquiales

102. En numerosas de nuestras parroquias nos encontramos con la misma dificultad: después de la catequesis de confirmación es muy difícil que los jóvenes continúen en la comunidad parroquial. Ya puedes hacer una catequesis motivadora, profunda y atractiva, que la confirmación va a seguir considerándose como una graduación que abandonas.

103. El gran problema al que nos enfrentamos es al de la falta de perseverancia. Es verdad que cuando ofrecemos a nuestros jóvenes experiencias fuertes, como una peregrinación, un campamento..., o experiencias de impacto, como son los numerosos retiros de Effetá, Bartimeo, Samuel, los Seminarios de Vida en el Espíritu o los Cursillos de Cristiandad, ellos acuden y realmente son tocados por la gracia. Pero después, vemos que, en muchos casos, todo lo aprendido se pierde por la incapacidad de no saber vivir desde el seguimiento de Jesucristo nuestro día a día. "Con vuestra perseverancia salvaréis vuestras almas" (Lc 21,12-19).

104. También nos encontramos con la dificultad de que muchas de nuestras parroquias o tienen pocos jóvenes por ser muy rurales o están en un avanzado nivel de secularización, donde nunca ha habido una cultura cristiana, una tradición cristiana, con lo cual se hace más difícil aún poder transmitir el Evangelio a los jóvenes.

105. También se hace presente en este campo la falta de vocaciones. Cada vez nuestros sacerdotes tienen que entregarse más a más trabajo debido a la falta de vocaciones, lo que impide que el pastor pueda dedicar el tiempo necesario a esta pastoral que exige tanta presencia de la iglesia entre los jóvenes.

106. Por eso, es esencial la pastoral de jóvenes en la comunidad parroquial. Si realmente tenemos eventos capaces de suscitar muchas semillas de fe, tenemos que ser capaces de ofrecer la tierra donde sembrar estas semillas, para que puedan vivir la fe del día a día, porque, si no, corremos el riesgo de vivir con la nostalgia de ir de "subidón en subidón" espiritual. Es necesario que todo se consolide creando un seno familiar donde cada persona, cada joven, pueda crecer en la fe. Igual que necesitamos la familia para crecer, para poder tener una vivencia plena de la fe, necesitamos una familia, necesitamos una comunidad de referencia en las parroquias y los movimientos.

La vivencia de la Iglesia con los jóvenes

107. Valor de la comunidad, la parroquia o movimiento. "Así como el cuerpo es uno, y tiene muchos miembros, pero todos los miembros del cuerpo, siendo muchos, son un solo cuerpo, así también Cristo" (1 Cor 12,12).

San Pablo nos recuerda la exigencia de caminar unidos, y esto, de manera concreta se realiza en las parroquias y movimientos. Es cierto que vivimos en una cultura sin fronteras debido a los medios de comunicación. Pero, por eso, más aún, debemos establecer las comunidades como punto de referencia.

Lo primero es ver si nuestras comunidades se plantean si su estilo de vida y estructuras transmiten un testimonio comprensible del Evangelio. Y con esto nos estamos refiriendo principalmente al testimonio de vida que damos desde las comunidades. Es de crucial importancia que nuestra vida ordinaria sea testimonio de una vida vivida desde el corazón de Dios.

108. La vivencia del joven en una comunidad. Vemos en nuestras comunidades una preocupación por una cierta fragmentación de la pastoral de la Iglesia. Es cierto, hay una multiplicación de sectores muy especializados, pero a veces separados.

En un mundo fragmentado, que produce dispersión y multiplica las realidades, los jóvenes necesitan ayuda para unificar su vida, leyendo las experiencias cotidianas y discerniéndolas. Si esta es la prioridad, es necesario desarrollar una mayor coordinación e integración entre los diversos ámbitos de la comunidad.

Por tanto, debemos favorecer actividades no solo para los jóvenes, sino con ellos. "Lo que habéis recibido gratis, dadlo gratis" (Mt 10,8). Es verdad, es necesario mucho tiempo entre los jóvenes, pues es urgente que se sientan muy queridos para que vean que el amor de Dios si existe y es muy real. Pero esto no nos debe hacer perder de vista que la pastoral tiene otro movimiento: una vez que hemos dado gratis, ahora tenemos que dar gratis.

La experiencia que los jóvenes tengan de Dios no es completa si ellos mismos no anuncian a Dios a los demás. Por tanto, las comunidades también deben favorecer la misión en los distintos ámbitos de la parroquia: visita de enfermos, Cáritas, catequesis, siendo monitores de niños pequeños... etc.

Así, crearemos una pastoral juvenil fecunda, pues el fruto del encuentro con Cristo no es solo la conversión personal y el seguimiento de Cristo, sino también el envío misionero: "Id y proclamad el reino de Dios" (Mt 10,7), con el que también tendremos a unos jóvenes atentos a las necesidades de cualquier miembro de la comunidad. Así es como los jóvenes experimentarán que, en la entrega de la propia vida, incluso en sitios que no son atractivos para ellos, es donde se encuentra la auténtica vida. Es más, en la entrega de la propia vida en la comunidad es donde los jóvenes podrán hacer concreta la llamada que Dios les hace. Que los jóvenes evangelicen donde se les pida, también les ayudará a saber hacia dónde Dios les llama.

¿Cómo la comunidad puede ser fundamento en un ambiente tan cambiante? Ante los múltiples ruidos que nos rodean y que pretenden hacernos vivir desde lo superficial, es necesario construir sujetos sólidos, que viven en profundidad su vida.

Es más, entre tantas distracciones, entre tantas ofertas, vemos que los jóvenes tienen una existencia muy presionada. No hay tiempo para comprometerse. Es verdad que vemos en ellos deseos, interés... pero no son capaces de encontrar espacios en sus agendas tan apretadas.

109. Por todo ello, debemos de fomentar el sentido de pertenencia. El saberse parte de un grupo es algo propio del hombre. Un grupo donde eres valioso, donde eres conocido y no juzgado, un grupo que te acompaña en esta maravillosa vida del seguimiento de Jesucristo.

"Para que sean uno y el mundo crea" (Jn 17,20-23). "Hay diversidad de dones, pero el Espíritu es el mismo. Y hay diversidad de ministerios, pero el Señor es el mismo. Y hay diversidad de operaciones, pero Dios, que hace todas las cosas en todos, es el mismo" (1 Cor 12,4-6).

110. Una de las notas de Iglesia es que es "una". Pero esta unidad no significa uniformidad. A ella han pertenecido personas de distintas sensibilidades, procedencias y culturas. Por eso, la Iglesia siempre debe actuar como una orquesta sinfónica, donde la armonía no elimine las diferencias, sino que las una generando así una gran riqueza sinfónica. En nuestra pastoral vocacional juvenil, donde nos encontramos una realidad con tantos prismas, también debemos tener en cuenta esto: ser uno, pero sabiendo la originalidad que Dios ha dado a cada uno. El encuentro en la única fe entre personas diferentes debe ser la condición para la renovación pastoral de nuestras comunidades. Así, cada persona se sentirá acogida y amada. Y así construiremos el buen lugar donde facilitaremos la escucha de la llamada de Dios a cada persona.

Transmisión de la fe

111. Jesucristo nos dejó principalmente dos mandamientos: el del amor y el mandato misionero. Del seguimiento de Cristo en estas dos vertientes nace la vocación de cada comunidad: anunciar a Jesucristo.

Y en esta trasmisión de la fe, en este anuncio de Cristo, forma parte esencial la invitación a los jóvenes a reconocer, en su propia vida, los signos del amor de Dios y descubrir en la comunidad el lugar ideal para tenga lugar su encuentro con Cristo.

En esta trasmisión de la fe, debemos tener en cuenta estos dos elementos esenciales para que el anuncio de la salvación que Cristo nos trae llegue realmente al corazón de cada joven:

112. *La trasmisión de la fe con la propia vida.* Decía san Pablo VI que "el hombre contemporáneo escucha más a gusto a los testigos que a los maestros, o si escucha a los maestros lo hace porque son testigos"[32]. En nuestro interés por la pastoral vocacional juvenil, intentamos buscar

---

[32] Pablo VI, *Exhortación apostólica Evangelii nuntiandi* 41.

y encontrar los mejores métodos para que a los jóvenes les sea fácil escuchar la llamada de Dios en su vida.

Esto es bueno, y ojalá no cejemos en nuestro empeño de buscar siempre lo mejor para nuestras comunidades. Pero, si esto no va unido con el testimonio personal, estaremos creando pastorales estériles. Éste sin duda es el mejor método pastoral.

El testigo es el que tiene un conocimiento experiencial de lo que transmite. Siguiendo a san Ignacio de Loyola: "No el mucho saber harta y satisface el alma, sino el gustar de las cosas de Dios internamente"[33]. No podemos entregar ideas, conceptos, sino nuestra propia vida vivida desde el corazón de Cristo. Los jóvenes buscan, pero por naturaleza son inconformistas. Démosle lo mejor, eso sí, desde nuestra propia vida.

113. *Anuncio del kerigma.* Por último, no nos podemos olvidar que la vocación fundamental de la comunidad cristiana es anunciar el kerigma: que Jesucristo murió y resucitó para abrirnos las puertas del cielo, que nos ha revelado al Padre y nos ha dado el Espíritu.

Por tanto, para que los jóvenes reconozcan en su vida los signos del amor de Dios, es necesario anunciarles lo esencial del Evangelio, el *kerigma*. Ese anuncio constituye el fundamento de la catequesis de los jóvenes, y debe saber integrar un conocimiento vivo de Cristo y la capacidad de leer desde la fe su propia vida.

Así pues, cuando hablemos a los jóvenes sobre el *kerigma*, tenemos que renovar los lenguajes, sin perder de vista lo esencial, el encuentro con Cristo.

Centralidad de los sacramentos

114. En nuestros grupos de jóvenes vemos un hecho especialmente preocupante: la escasa participación de los jóvenes en las celebraciones de los sacramentos. Muchos jóvenes vienen con asiduidad a los grupos, a las oraciones, a las peregrinaciones... pero no a la misa dominical que es fuente y culmen de la vida cristiana.

---

[33] SAN IGNACIO DE LOYOLA, *Ejercicios Espirituales* 2.

Aquí vemos como en las comunidades no estamos sabiendo transmitir en muchos casos lo esencial de la vida cristiana y la importancia los sacramentos como el medio ordinario donde se nos derrama la gracia, donde el Señor nos da la oportunidad de participar en su vida divina. Además, tampoco estamos sabiendo transmitir la importancia de la misa dominical: la participación en la vida de la Iglesia unida con nuestra cabeza que es Cristo que se ofrece en el altar.

115. Y como no, volver a recuperar la práctica del sacramento de la Reconciliación. Los jóvenes necesitan sentirse amados, perdonados, reconciliados, tienen una nostalgia secreta del abrazo misericordioso del Padre.

Debemos volver a manifestar lo que significa realmente este sacramento tan necesario que es, como también lo llama la tradición, nuestra segunda tabla de salvación. Debemos de manifestar cual es el auténtico centro de la confesión, como nos dice el papa Francisco: "El centro de la confesión no son los pecados, sino el amor que recibimos"[34]. Animo a todos los sacerdotes a que presentemos de manera renovada el sacramento de la confesión, no como un juicio, sino como una de las mejores expresiones del amor de Dios en nuestras vidas. Y como personas que somos, necesitamos el amor para seguir en nuestro camino de vida. Sin la confesión, este amor no le experimentan totalmente. Los jóvenes necesitan sentirse amados, perdonados, reconciliados.

Por esta razón, es fundamental que los sacerdotes ofrezcan su disponibilidad para la celebración de este sacramento. Las celebraciones penitenciales comunitarias ayudan a los jóvenes a acercarse a la confesión individual y hacen más explícita la dimensión eclesial del sacramento. Que nunca se vean solos.

116. *Catequesis mistagógica*. Para una mejor participación de los jóvenes en las celebraciones sacramentales, debemos saberles explicar cómo Dios actúa en los sacramentos.

---

[34] Papa Francisco, *Jornada "24 Horas para el Señor"*, 29 de marzo de 2019.

Por esto, es necesario saber mantener el asombro por el Misterio. Muchos de los jóvenes no entienden bien la celebración de la eucaristía, se aburren y no se sienten partícipes en tal acontecimiento. Debemos hacerles entender que la liturgia es una acción de Cristo y de la Iglesia, es el encuentro con el Siervo que viene a sanar nuestras heridas y nos prepara el banquete pascual.

Animo a los sacerdotes y a los agentes de pastoral a que, en sus reuniones con los jóvenes, especialmente en los tiempos litúrgicos fuertes, los temas de formación sean para explicar la liturgia, para que nuestros jóvenes conozcan realmente qué se celebra y puedan tener una experiencia de una liturgia bien vivida, no solo escuchada, pues la auténtica participación de la liturgia es entrar en el misterio y vivir lo que se celebra.

Actividades concretas con los jóvenes en la parroquia

117. *Grupos de jóvenes.* "Los jóvenes son el ahora de Dios"[35]. Por eso es muy necesario que encuentren un lugar de referencia en la Iglesia, y este lugar son los grupos de jóvenes. Abandonar a los jóvenes sería abandonar a una parte de la Iglesia.

No podemos olvidar que, dedicándonos a ellos, también nos dedicamos a los pobres, pues su pobreza es la pobreza de tener una vida vacía, sin sentido, que necesita ser llenada.

Y, ante esta desorientación de tantos jóvenes, las comunidades cristianas deben ser el faro para que encuentren el camino de la auténtica vida. Animo encarecidamente a todas las parroquias a que, toda la comunidad parroquial encabezada por el sacerdote, hagan una reflexión y vean cuáles son los mejores medios para ser este faro de la luz del Señor que tanto necesitan los jóvenes.

Es posible que la tarea se les quede grande en muchas ocasiones. Por eso animo especialmente a los sacerdotes a que pidan ayuda. Dos pueden ser los lugares para poder establecer una pastoral juvenil donde sea difícil:

---

[35] Papa Francisco, *Homilía en la misa de envío de la JMJ*, Panamá, 2019.

Los arciprestazgos pueden ser un buen medio donde sea difícil poder tener un grupo de jóvenes a causa de la ruralidad del pueblo o de la secularización que nos podamos encontrar. Las reuniones arciprestales de jóvenes o la organización de eventos juveniles arciprestales (oraciones arciprestales, peregrinaciones, formación...) también puede ser un lugar de acogida para los jóvenes y que ellos vean que no están solos. Es más, puede ser una ayuda para que sacerdotes o agentes de pastoral no se vean solos.

Las instituciones diocesanas dedicadas a ello son el medido subsidiario que pongo en manos de todos los lugares de la diócesis, en especial la Delegación de Adolescencia y Juventud, para ayudaros a intentar llevar a los jóvenes a Dios y que escuchen su llamada. No tengáis miedo en esta apasionante tarea del acompañamiento de los jóvenes y sentiros ayudados por parte de la diócesis.

Sacerdotes y responsables de la pastoral juvenil de nuestra diócesis, ¡no os sintáis solos en esta tarea tan necesaria! Entendemos que hoy es fácil desanimarse, pues hoy más que nunca se constata que nadamos a contracorriente, que muchas veces no llegamos. Pero, al igual que el niño que entregó lo que tenía, cinco panes y dos peces, nosotros entregamos lo poco al Señor para que Él lo transforme en mucho.

¡Pongamos nuestra confianza en Él!

118. *Oración.* Es de vital importancia que eduquemos a los jóvenes en la oración, pues es el lugar de diálogo de corazón a corazón del joven con Dios. Si tuviéramos que decir cuáles son los pilares básicos de una pastoral juvenil vocacional, o los pilares básicos en los que se tienen que apoyar la vivencia de la fe, serían estos: la oración, la misa dominical, la confesión y la devoción a la Virgen. De estos pilares se podrá desarrollar, después, una vida desde el Señor. Teniendo esto, ya cualquiera dispone el corazón a la llamada de Dios.

Me alegra comprobar que en la mayoría de nuestra diócesis se tiene claro. Si algo identifica a los grupos juveniles de nuestra diócesis, es que tienen una oración semanal. Estos grupos ya saben que esta hora a la semana es algo vital en su vida de fe. Además, también en muchos lugares, una vez al mes, se reúnen para tener la oración arciprestal. Animo encarecidamente que, donde no haya estos encuentros mensuales, que se proponga a nuestros jóvenes, pues ver como otras personas viven su fe, a ellos les ayudará para vivir la suya.

Además, animo a que las comunidades parroquiales a que desarrollen en el seno de sus grupos juveniles dos acciones entorno a la oración: Que dediquen algún momento a tener *Lectio divina* con los jóvenes.

En nuestro mundo de hoy, un joven reza, pero también nos damos cuenta del desconocimiento de las Sagradas Escrituras, y "desconocer las Escrituras es desconocer a Cristo" (san Jerónimo). Por eso animo a los sacerdotes o agentes de pastoral que promuevan entre los jóvenes un encuentro asiduo con la Sagrada Escritura en esta forma de oración tan preciosa y tan de la tradición de la Iglesia como es la *Lectio divina*. Desde la diócesis, procuraremos que tengáis un material para ello.

Proponer a los jóvenes comprometidos a hacer Ejercicios espirituales. Es una práctica que se está abandonando en nuestra diócesis, pero que es muy necesaria para mantener el ardor de la fe en cada persona. La Iglesia lo recomienda encarecidamente desde hace siglos, y es un medio que no ha dejado de funcionar, pues nos ayuda a mantener los oídos bien abiertos a la llamada del Señor.

Por eso, o bien organizando Ejercicios espirituales en las comunidades, o participando en los Ejercicios espirituales que la Delegación de Adolescencia y Juventud programa para cada trimestre, volvamos a insistir a los jóvenes en estos momentos de silencio y oración.

119. *Formación.* Los jóvenes que se encuentren de nuevas en la parroquia, debido a que han tenido una conversión fuerte, o los cristianos que se acerquen por primera vez a la parroquia... necesitan tener un itinerario, un camino donde vean que es terreno seguro para hacer crecer la semilla que Dios ha puesto en ellos. Si no damos a conocer a Cristo de una manera total, es imposible que los jóvenes amen a Cristo. No se puede amar lo que no se conoce.

Es importante saber ofrecer algo auténtico, algo que no sea provisional, sino duradero, pues la vivencia de la fe es para siempre, no para un momento. Por eso es necesario tener propuestas pastorales para hacer crecer en la fe. Propuestas para celebrar y rezar, cada uno a su estilo y los acentos necesarios en cada momento según veamos cómo es la parroquia, movimiento o la misma diócesis.

Los itinerarios catequéticos deben mostrar la conexión entre la fe y su experiencia concreta: con sus sentimientos, con los vínculos, con las alegrías y las decepciones; saber integrar la doctrina social de la Iglesia; estar abiertos a los lenguajes de la belleza y a las formas de la comunicación digital. Las dimensiones del cuerpo también deben tenerse en cuenta, puesto que existe un nexo profundo entre educación a la fe y educación al amor. En resumen, la fe debe entenderse como una práctica, es decir, como una forma de vivir en el mundo.

Es urgente que en la catequesis de los jóvenes se renueven los lenguajes y las metodologías, sin perder nunca de vista lo esencial, es decir, el encuentro con Cristo, que es el corazón de la catequesis. También es necesario un empeño renovado respecto a los catequistas, que a menudo son jóvenes al servicio de otros jóvenes, casi sus coetáneos.

En esta línea, desde la Delegación de Adolescencia y Juventud, cuando empiece el nuevo curso escolar, desarrollará un curso de formación para jóvenes. Serán los sacerdotes que lo deseen los que puedan solicitar este curso en su parroquia una vez al mes o en sus arciprestazgos. Serán itinerarios catequéticos que ayuden al joven a profundizar en su fe para así vivirla de una mejor manera. Todo para que el joven pueda tener el corazón cada vez más abierto a acción de Dios en su vida.

Este proceso culminará en un encuentro de formación de jóvenes líderes. Esto es importante, que los jóvenes encuentren referencias entre los propios jóvenes, pues no podemos olvidar que "la mejor herramienta para evangelizar a los jóvenes son los propios jóvenes" (papa Francisco). Por tanto, también pongamos empeño en nuestras comunidades en este terreno: en educar jóvenes líderes, jóvenes misioneros en sus propias comunidades, que sientan una llamada especial para esto: ser referentes de vida para tantos otros que lo necesitan.

120. *Actividades de servicio.* Los jóvenes pueden contribuir a renovar el estilo de las comunidades parroquiales y a construir una comunidad cercana a los pobres. A menudo los jóvenes son sensibles a esta dimensión de servicio. Muchos se ocupan activamente del voluntariado y descubren en el servicio la vía para encontrar al Señor y saber donde le quiere el Señor en su vida. Dedicarse al servicio se convierte en un poner en práctica la fe.

Es muy importante cuidar esta dimensión. No solo tener actividades para los jóvenes, sino actividades con los jóvenes, cuidando especialmente la misión del joven dentro de su comunidad. En el servicio, los jóvenes pueden encontrar su sitio en su comunidad de referencia, no solo verse como un grupo más, que actúa sin lazos con la comunidad, sino un grupo que se inserta en la comunidad y extiende lazos de caridad con todos sus miembros.

Debemos animar a los jóvenes a crear estos lazos de caridad. Que participen activamente en las comunidades: siendo catequistas, participando en Cáritas, en los grupos de liturgia, en la animación infantil, en los coros, participación en voluntariados... etc., en todo aquello que sea un servicio. Si no les procuramos esto, es posible que vean que no están totalmente insertados en la comunidad y no vean que son parte de una familia.

121. *Evangelizar a través de la cultura y el arte.* Igual que los cristianos en los distintos siglos de la historia crearon una cultura propia dentro de las ciudades y pueblos: asimilando los avances de la época le dieron un sentido religioso, dejando huella en magníficos edificios, catedrales, iglesias, cuadros, esculturas... en definitiva, obras de arte donde el fiel podría encontrarse con el Señor.

¿Por qué no hacer esto hoy? ¡Es algo que la Iglesia ha hecho siempre! Ver el mundo y cristianizarlo. Es urgente que el joven de hoy vea que la fe sigue creando cultura, una cultura que mueva al encuentro con el Señor. No en vano, la mayoría de los grupos juveniles que están teniendo mucha aceptación, crean cultura. No podemos olvidar que en nuestra diócesis también pasa eso. En nuestra diócesis, grupos como Hakuna o grupos juveniles que se reúnen para hacer oración de alabanza, tienen mucha aceptación precisamente por esto: crear cultura a través de la música. Un cuadro, una canción, una imagen... te adentra en el mundo de la belleza, que es el mundo del Señor.

Tenemos que poner el empeño en ser capaces de volver a crear el lugar más adecuado para que la atención de los jóvenes se vuelva a fijar en lo bello que hay en el seguimiento de Jesucristo.

Por eso, animo a que todas las comunidades, a la Delegación de Adolescencia y Juventud, junto con la Delegación de Peregrinaciones y Turismo, la Delegación de Patrimonio y la Delegación de Fe y Cultura, a que realicen acciones pastorales con jóvenes donde sepamos presentar a Jesucristo desde la belleza. Para presentar la fe, lo tenemos que hacer de una forma bella, pues no vale todo.

122. *Ocio y tiempo libre*. ¡Todos saben lo difícil que es usar bien el tiempo! El peligro de nuestros jóvenes es creer que, como se puede y hay medios, debamos dejarnos llevar por nuestros sentimientos en cada momento. Esa acaba siendo la receta para tener una vida deprimida: si me dejo llevar por los deseos, mi vida nunca será plena. Tenemos que querer lo que hacemos y no tanto hacer lo que queremos.

Nos hemos convertido en maestros en perder el tiempo en cosas sin valor. Si quieres aprovechar al máximo tu tiempo, sugiero que empecemos por hacer que los jóvenes se conozcan a sí mismos y encuentren sus habilidades. Al mismo tiempo, que no dejen de hacer lo que saben que deben hacer. Planteemos, en el ocio y tiempo libre, pequeños retos a nuestros jóvenes para que los cumplan. Así, poco a poco, no solo llenarán su tiempo, sino que se verán más capaces.

En nuestro acompañamiento a los jóvenes, también tenemos que hacerles ver el valor del autocontrol, algo que les hará más libres. ¿Por qué? Porque la libertad no es hacer lo que uno quiere, sino saber detenerse a tiempo para hacer otras actividades. Puede que nos encontremos con la pereza al principio, pero, si los animaos a salir de ahí, se sentirán mejor después de eso. Animémoslos a que encuentren maneras de usar su tiempo libre para permitirles crecer como personas. Hagamos que cada momento de sus vidas sea maravilloso. No nos conformemos con menos.

También en la Iglesia debemos tener en cuenta esta dimensión de la vida del joven. Muchas veces vemos como ellos mismos no saben vivir su tiempo libre, ya que, cuando disponen de él, lo suelen usar para encerrarse en los medios digitales. Animemos desde nuestras comunidades a saber cómo vivir estos tiempos: teniendo encuentros deportivos, salidas a la naturaleza, encuentros por equipos... Para ello, la Delegación de Ocio, Tiempo libre y Deportes ha venido desarrollando materiales para las parroquias, encuentros deportivos, o distintas salidas como el proyecto Frassati, donde los que asistan pueden tener un encuentro con la naturaleza.

123. *Piedad popular.* Con respecto a la piedad popular es posible que los jóvenes hayan sido desligados. Aun así, vemos como numerosos jóvenes de nuestras comunidades pertenecen a algún grupo de piedad popular, en especial a hermandades y cofradías. Por eso, también hay que tener presente la piedad popular como zona de evangelización de los jóvenes.

Es más, el mismo papa Francisco en *Christus vivit* ha establecido un marco de referencia en torno a la pastoral popular juvenil. En concreto hay tres puntos, del 236 al 238, en los que nos anima a la pastoral popular juvenil.

La piedad popular tiene mucho que ofrecer a los jóvenes debido a sus diferentes expresiones de fe. Además, se ofrece como el lugar del encuentro entre los jóvenes y adultos en un servicio a la Iglesia.

Por eso, animo a una renovación de la piedad popular orientada hacia los jóvenes. Que en todos los lugares donde se haga patente la piedad popular, especialmente en las hermandades y cofradías, también se haga un especial hincapié en que los jóvenes también allí tengan su lugar en la iglesia y que, también, allí se pongan a disposición de la llamada del Señor en sus vidas.

Animo a renovar la Escuela Cofrade Joven y a que se aumenten las iniciativas en la piedad popular. Animo a su vez a que la Delegación de Hermandades y Cofradías y la Delegación de Adolescencia y Juventud caminen de la mano en este sentido.

124. *Centros juveniles.* La Iglesia siempre ha tenido espacios específicos dedicados a los jóvenes, como pueden ser los oratorios, centros juveniles y otras cosas semejantes. Esto manifiesta que el interés de la iglesia por los jóvenes y su educación.

Estos centros son ámbitos donde el joven puede llegar a ver como la Iglesia es un hogar acogedor, descubriendo sus talentos y poniéndolos al servicio de todos.

Por eso, como en otro tiempo con santos como san Felipe Neri, debemos pensar en una renovación de estas realidades, pasando de lugares estáticos, a lugares en movimiento, con los jóvenes y hacia los jóvenes, capaces de salir a su encuentro.

En esta línea, animo a que en las comunidades se desarrolle:

Un lugar de encuentro de la juventud como lo vienen siendo los oratorios o los centros juveniles. Es bueno crear un espacio donde el joven se sienta cuidado. ¿Por qué es necesario? Estos espacios hoy en día son concebidos como un atrio de gentiles. Los jóvenes cada vez ven la Iglesia como algo muy distinto a ellos. Por tanto, tener la oportunidad de tener estos lugares nos ayudan a tener ese primer acercamiento de la Iglesia al joven. Tener ese lugar actual, atento a sus necesidades, es el primer paso del encuentro del joven con la Iglesia.

Tampoco quisiera pasar de largo el peligro: que esos espacios terminen siendo un lugar aislado para los jóvenes, sin que vean que son parte de una parroquia. Es al revés: estos lugares son espacios de inserción del joven en la comunidad. De ahí, tienen que pasar a formar parte de toda la comunidad y estar al servicio de toda ella en su conjunto.

Misiones juveniles. Como hemos dicho en un apartado anterior, la misión forma parte esencial de la Iglesia. Y los jóvenes también tiene que participar de este ímpetu misionero, ya que muchos de nuestros jóvenes pueden llegar donde la Iglesia no puede.

Por eso animo a que en las parroquias y movimientos se desarrolle este ímpetu misionero empezando por la propia comunidad. Que se creen momentos en la vida parroquial donde se favorezca una misión para que los propios jóvenes de la parroquia salgan al encuentro de los demás. Estas actividades ya vienen desarrollándose de una manera sencilla y eficaz, como por ejemplo, creando comidas solidarias, torneos deportivos benéficos…, son espacios creados por los jóvenes para llegar a más jóvenes en la vida ordinaria. ¡Sigamos por esos caminos!

En este contexto, querría anunciar que la Delegación de Adolescencia y Juventud está poniendo empeño en crear una Casa de la juventud en Toledo. Una casa que sea lugar de encuentro, no solo para los jóvenes de la ciudad, sino para todos los jóvenes de la diócesis.

c) ELEGIR: comieron hasta quedar saciados

125. Elegir lo que el Señor quiere para cada uno de nosotros. Jesús multiplica los panes y los peces de un muchacho y da de comer a muchas personas. Entre el principio y el final ha pasado algo para que esto ocurra. Los que se encontraron con Jesús ese día han experimentado también eso de "hemos recibido más de lo que hemos dado": ¿Cómo ha pasado? ¿Qué es lo que ha provocado esta situación? ¿Por qué con ese poco puede Jesús sacar alimento para muchos y aún sobrar? ¿Qué es lo que los apóstoles no pueden calcular, qué estrategia se les oculta a sus ojos, quizás faltos de fe?

¿Con qué esperanza mira Jesús los problemas antes de resolverlos? ¿Esperanza en Dios, esperanza en el ser humano? ¿Quizás lo que puede adivinar Jesús es la esperanza de ese "muchacho" que ofrece sus panes y sus peces? ¿Quién es este muchacho, de dónde sale, cuál es su historia, por qué es él quien mueve ficha para acabar con el cansancio de ese pueblo que andaba como oveja sin pastor? Parece un discípulo anónimo y discreto, un "pequeño" de los que han recibido y entendido el mensaje del Reino. Él sabe aquello que hay más alegría en dar que en recibir, y se pone a la tarea. ¿Cómo sería ese cruce de miradas entre Jesús y el muchacho? Quizás la inteligencia espiritual de ese muchacho guarde el secreto de este milagro.

Lo que nos hace ver principalmente este muchacho es que recibimos más de lo que damos. Esa es la buena noticia. Para entender esto hay que hacerse pequeños, sintonizar con los sentimientos de Jesús y aportar, de nuestra pobreza, la posibilidad del milagro. "Aquí hay uno" dice Andrés, el apóstol. Ya son más de uno los que siguen dando de lo suyo para, por obra de Dios, alimentar a muchos: ¿tú estás entre ellos?

La pastoral vocacional

126. La vocación es el eje en torno al que se integran todas las dimensiones de la persona. Este principio concierne a la pastoral en su conjunto. Por tanto, no pido reforzar la pastoral vocacional como algo aislado, sino animar a toda la pastoral de la Iglesia que presente la variedad de las vocaciones. En efecto, el objetivo de la pastoral juvenil es ayudar a todos jóvenes, mediante un camino de discernimiento, a "alcanzar la madurez que corresponde a la plenitud de Cristo" (Ef 4,13).

Por ello, la pastoral vocacional debe ser el elemento unificador de toda la pastoral juvenil. Toda pastoral, y en particular la juvenil, es originalmente vocacional.

Pero no es que deban estar relacionadas, sino que la pastoral juvenil tiene que ser explícitamente vocacional, pues el fin de la pastoral juvenil es solo uno: el discernimiento de vida. No podemos olvidar que esto es algo específico de la época de la juventud, pues es el momento en el que las personas eligen cuál será su futura vida. Y en este contexto, la Iglesia tiene que hacer ver al joven que estas decisiones, tomadas desde Dios, son las que le harán auténticamente feliz. Por eso, la pastoral juvenil es completa y eficaz si se abre a la vocación.

127. Para estar a la altura de su misión, la pastoral juvenil no puede prescindir en su empeño de acompañar a los jóvenes al descubrimiento de la llamada que Dios le hace a una vocación en concreto. De esta manera, podremos responder a la situación actual de los jóvenes.

La pastoral juvenil tiene un fin: saber qué es lo que Dios quiere de mi vida. No se puede permanecer siempre joven, sino que se debe dar el paso a la vida adulta, pues muchas veces se cae en la tentación de pensar que la pastoral juvenil es el todo. Si debemos renovar la pastoral juvenil, también debemos renovar nuestra pastoral juvenil-vocacional.

128. *El sentido de la vida es ser santos.* La realidad en la que viven nuestros jóvenes les genera inseguridad, por lo que es más difícil tomar decisiones. Es más, una de las grandes crisis de la juventud es la crisis del sentido de la vida y de la identidad. Debemos ayudarlos a que se decidan a vivir y a vivir en plenitud, respondiendo a la llamada a la santidad. Por ello la cuestión vocacional es el lugar donde se revela la identidad última de la persona, donde necesitamos una palabra de Dios para no quedarnos sin identidad.

Tenemos el deber de transmitir a nuestros jóvenes un mensaje de esperanza. Muchos de nuestros jóvenes caen en las profundidades de la desesperanza y de creer que nada cambiará. No es cierto. Los errores se corrigen, la vida está para caer y levantarse, y que, lo que hoy les parece una tragedia, mañana lo vean como un pequeño bache en el camino.

Dios nos quiere tal y como somos. Él nos conoce en todas nuestras versiones. Hagamos ver a los jóvenes que Dios no los abandona, sino que los protege. Que no le dejen fuera de su vida, sino que ocupe el lugar principal y confíen en Él.

129. Querido joven, por muy mal que lo estés pasando, tu vida importa. Acude a personas de tu confianza y sé sincero. No te dejes vencer por la idea de que algo de lo que te sucede no tiene solución. Y además de acudir a otras personas, acude a Dios. Orar y recibir los sacramentos te proporcionará paz y consuelo.

Cuida a la gente que tienes alrededor. Sé el que ayuda, el que escucha y el que defiende, sabiendo que todos estamos llamados a la santidad y somos héroes encerrados en cuerpos muy humanos.

130. *Llamados a ser santos*. Las distintas vocaciones se resumen en una llamada a la santidad única y universal, viviéndola con la alegría del amor que resuena en el corazón de cada joven. Solo a partir de la única vocación a la santidad se pueden articular las diferentes formas de vida, sabiendo que Dios "nos quiere santos y no espera que nos conformemos con una existencia mediocre, aguada, licuada"[36].

131. *Despertar al mundo con la santidad*. Debemos ser santos para poder invitar a los jóvenes a convertirse en santos. Solo una Iglesia de san-

---

[36] Papa Francisco, *Exhortación apostólica Gaudete et exsultate* 1.

tos puede estar a la altura de sus inquietudes. Muchos la han abandonado porque no han encontrado en ella santidad, sino mediocridad. "Los jóvenes necesitan de santos que formen a otros santos, mostrando así que la santidad es el rostro más bello de la Iglesia"[37].

A través de la santidad de los jóvenes la Iglesia puede renovar su ardor espiritual y su vigor apostólico. La santidad generada por la vida buena de tantos jóvenes puede curar las heridas de la Iglesia y del mundo, devolviéndonos a aquella plenitud del amor al que desde siempre hemos sido llamados: los jóvenes santos nos animan a "volver a nuestro amor primero" (*cf.* Ap 2,4).

Acciones concretas para la pastoral vocacional juvenil

132. El joven es una persona que busca, que se interroga. Y esto tiene que desembocar en las cuestiones últimas: ¿Para qué he sido creado? ¿Para quién soy yo? Por tanto, estas cuestiones últimas nos remiten directamente a la cuestión de la vocación.

La vocación, aunque tenga momentos intensos, conlleva un gran viaje. El joven necesita tiempo para ir comprendiendo la palabra de Dios en su vida, lo tiene que ir desvelando poco a poco. Y esta es una tarea fascinante. Tenemos que hacer ver a los jóvenes que la auténtica felicidad está en el plan de Dios para con cada uno de nosotros, pero este plan se consigue caminando. Les tenemos que desvelar lo fascinante que es ir descubriendo este plan en nuestras vidas.

Como la vocación es un descubrir a qué les llama Dios en su vida concreta, nosotros tenemos que disponer de los medios adecuados para que se dé este encuentro. La vocación no es un guion ya escrito, ni una improvisación. Como Dios nos llama para estar con Él, tenemos que hacer ver a los jóvenes que su libertad está dentro del proyecto del amor de Dios.

133. Muchas veces se ha presentado la vocación como algo ya determinado. Pero no es así. En el misterio de la providencia divina, surge una unión entre la elección divina y la libertad humana que juntas for-

---

[37] *Ibid.*, 9.

man parte de la historia de amor que Dios quiere tener con nosotros. Hablar de la existencia humana desde la vocación, nos hace poner de relieve algunos elementos importantes para el crecimiento del joven: hacerle ver que no está determinado o que su vida es fruto de la casualidad.

¿Cómo desarrollar una cultura de la vocación?

134. *Pastoral de la presencia.* Al igual que hemos dicho que la mejor transmisión de la fe se hace con la propia vida, en el tema vocacional ocurre lo mismo. La mejor manera de que los jóvenes quieran descubrir a que les llama el Señor, es hacerles presente una vida "vocacionada". Que nunca falten ejemplos de vida en los que se haga patente que han escuchado la voz del Señor para cualquier estado de vida: sacerdocio, vida consagrada, matrimonio o llamados para la misión.

La presencia de personas que han respondido a la llamada de Dios, a cualquiera de los estados de vida, es esencial. Igual que a los de Emaús los acompañó el Señor durante todo su camino, así tenemos que ser nosotros: acompañar a los jóvenes a que descubran a Jesús, a que vean a Jesús con los ojos de la fe y eso los lleve a un cambio de vida, a la respuesta al Señor.

Crear las condiciones para que en todas las comunidades se desarrolle una verdadera cultura vocacional. No dejemos de hablar en nuestras parroquias sobre esta llamada de Dios. Es cierto, en los ambientes juveniles de hoy esta llamada se acalla. Pero, cuando vengan los jóvenes a la iglesia, aunque sea un momento, que puedan ver que realmente Dios les llama a algo mayor, no a una vida superficial, sino a una vida auténtica.

Que nunca dejemos de hablar en nuestras predicaciones, en nuestras catequesis, en las oraciones de la llamada del Señor a cada uno. Que nunca dejemos de pedir al Dueño de la mies que mande obreros a su mies. Que hagamos partícipe a toda la comunidad de esta necesidad de pedir por las vocaciones.

Por todo esto, los jóvenes necesitan nuestra ayuda, alguien que les ayude a dar unidad a todo lo que viven y que lean todos los acontecimientos de su vida desde esta perspectiva de la fe, porque en el descubrimiento de la vocación, no todo está claro en seguida porque "la fe ve en la medida en que camina, en que se adentra en el espacio abierto de la palabra de Dios"[38].

¿Cómo descubrir la vocación?

135. Sentir la llamada de Dios no es algo que nos deba causar inquietud. Sea lo que sea lo que Dios quiere de nosotros, Él nos irá dando pautas.

Es como hacer un puzle en el que tú tienes que ir encontrando las piezas. En tu vida, en cómo te sientes y en lo que rezas, todo ello meditado y hablado con alguien que te ayude.

Dios traza su camino y nos da libertad para que podamos decidir cómo y dónde, con quién y de qué manera nos vamos a entregar, e incluso nos da la libertad para optar por rechazar. Dios respeta nuestra libertad. Por eso, que no nos agobie el tema de la vocación.

La vocación es una llamada que exige una respuesta. Si lo coges, te enteras del plan. Si cuelgas o no lo escuchas, pasa a la siguiente ocasión. Es importante aprender a escuchar y no tener miedo a plantearse cosas grandes.

Discernimiento

136. El discernimiento es el proceso por el cual una persona intenta reconocer y aceptar la voluntad de Dios en su vida concreta: "Examinadlo todo; quedaos con lo bueno" (1 Tes 5,21). Por eso, es algo fundamental para descubrir que quiere Dios de nosotros.

En todo discernimiento nos encontramos elementos comunes: la presencia de Dios en la vida de cada persona; reconocer su acción; la participación en la vida sacramental y vida de oración; la confrontación de la propia vida con la palabra de Dios; la respuesta en libertad de cada persona a la llamada del Señor.

---

[38] Papa Francisco, Carta encíclica *Lumen fidei* 9.

Por todo ello, en el proceso de discernimiento, es necesario que la comunidad eclesial esté presente, que favorezca un clima de confianza y libertad para proceder a la búsqueda de la vocación. Además, todo discernimiento tiene un horizonte comunitario, no es algo solo individual, ya que la llamada de Dios siempre se realiza dentro de la comunidad eclesial.

Algunos aspectos clave del discernimiento

137. *Familiaridad con el Señor.* El discernimiento ya es una forma de oración. Por eso requiere tiempos reservados para con el Señor, para saber que quiere Él de cada uno. Hemos de animar a los jóvenes para que tengan momentos de intimidad con el Señor, solo ahí es donde podrán escuchar con claridad la llamada del Señor.

138. Apertura del corazón. Si queremos escuchar la llamada del Señor en nuestra vida, debemos abrir el corazón. Y esta apertura comienza por la aceptación de la propia vida unida a la disponibilidad de querer poner nuestra vida en armonía con la voluntad del Señor.

También es necesario que los jóvenes se den cuenta de los movimientos de su corazón, saber reconocerlos y ponerlos nombre.

139. *Acompañamiento espiritual.* Todo discernimiento requiere acompañamiento. Muchas veces no sabemos discernir nosotros solos qué es lo que realmente quiere el Señor de nosotros. De ahí que el modelo del acompañamiento espiritual sea el pasaje evangélico del camino de Emaús. En este pasaje, encontramos al Señor como director espiritual, ante el camino equivocado que toman los de Emaús. Él les abre los ojos y les conduce a la verdad, a unir su vida con la vida de Dios.

En este sentido, todo acompañante espiritual, en especial los sacerdotes en la práctica de la dirección espiritual deben tener en cuenta que, como el Señor en Emaús, su función es de confrontación externa, haciéndose mediadores de la presencia de la Iglesia.

140. El acompañante es una persona de fe y oración, que escucha y que ya él mismo se ha confrontado con sus debilidades. Por eso ya sabe acoger a los jóvenes a quienes acompaña. Su vida de oración le ayudará a mantenerse libre respecto a ellos: sabrá respetar sus tiempos sosteniéndolos en la oración; respetará el resultado de un camino que no siempre será el que tenga que recorrer; en lugar de ocupar el centro y asumir actitudes posesivas, asumirá una presencia pasiva, pues, en el camino del acompañamiento, siempre hay que respetar la libertad del acompañado.

Por ello, animo a todos los acompañantes, en especial a los sacerdotes, a ser personas de ciencia, prudencia y experiencia.

Tomar una decisión. En el discernimiento debemos salir de la indeterminación, pues este proceso no puede durar indefinidamente, asumiendo la responsabilidad de las decisiones. El discernimiento tiene que llegar a este fin: realizar lo discernido en la vida cotidiana. Y para esto, lo mejor es confrontarlo en la vida fraterna y en el servicio a los pobres.

Vocaciones

141. Es evidente que la vocación universal de todo cristiano es la llamada a la santidad. Esta llamada implica la invitación a participar de la misión de la Iglesia. Por eso, las vocaciones son las expresiones mediante las cuales la Iglesia realiza su llamada de ser signo de salvación en el mundo.

142. *Trabajo y vocación*. Muchos jóvenes viven el trabajo en un horizonte vocacional. De hecho, no es raro que cuando encuentran el trabajo que quieren digan: esta es mi vocación, pues para muchos el trabajo es una manera de reconocer y valorar los dones recibidos. Aunque esta expresión tenga tintes de vocación, la auténtica vocación es la respuesta a la llamada del Señor. No es simplemente entregar unas horas o una parte de mi vida, sino que implica la totalidad de mi vida, es responder a la llamada de Dios. Es saber dónde puedo descansar realmente mi corazón. Y sin duda, el mejor descanso del corazón es hacer vida en uno mismo la voluntad del Señor.

143. *La familia*. Las familias están llamadas a dar testimonio de Dios mediante el amor recíproco, la procreación y la educación de los hijos.

Por ello, debemos descubrir de nuevo y hacer comprensible a los jóvenes la belleza de la vocación nupcial.

Para ello es muy necesario responder a la llamada que el Papa nos hacía en la encíclica *Amoris laetitia*: la necesidad de una buena preparación para el matrimonio. Si queremos que los jóvenes redescubran la autenticidad del matrimonio, debemos ya mostrárselo en el noviazgo.

Ya en el noviazgo los jóvenes tienen que ver que la elección no es solo suya, sino que es de Dios: ¿Esta vocación es para mí? ¿Este chico o chica Dios lo ha puesto en mi camino para que recorramos el camino de la santidad? Son dos preguntas que no muchos jóvenes se hacen a la hora de empezar un noviazgo. Y si estas preguntas no son respondidas, es muy difícil que tengan un noviazgo cristiano.

Es cierto que en muchas ocasiones nos encontramos con el mismo ejemplo: en un noviazgo una de las partes es un no cristiano. Entendemos que esta es una preocupación para muchos sacerdotes y agentes de pastoral, pues ven como jóvenes que han sido educados en la fe, por esta causa, por el miedo al fracaso de su noviazgo, no son capaces de vivir totalmente en la fe. ¡Ayudémoslo a ser fuertes! A hacerles ver que el amor auténtico es el que es reflejo del amor de Dios. Todo lo demás tiene fecha de caducidad.

Desde la Delegación de Familia y Vida y la Delegación de Adolescencia y Juventud se vienen realizando encuentros de novios. Durante este año se hará de una manera renovada, esperando dar respuesta a esta inquietud de muchos sacerdotes en este campo.

144. *La vida consagrada.* La vida consagrada es testimonio gozoso de la gratuidad del amor. Las comunidades religiosas se convierten en testimonio y en escuelas de comunión, de oración y contemplación, en lugares de diálogo generacionales y culturales, en espacios para la evangelización y la caridad.

Aunque veamos que los números de la vida consagrada caen, debemos tener en cuenta que sigue siendo fecunda y creativa. No podemos prescindir de este don vocacional, que constituye un gran recurso para nuestro tiempo.

En este año dedicado especialmente a la vida consagrada en nuestro camino de preparación al sínodo diocesano, no dejemos de hablar a nuestros jóvenes de esta vocación. Es una vocación muy necesaria.

¿Qué seríamos sin estas comunidades que rezan por los que estamos en batalla? ¿Qué sería de nosotros sin esta base de oración? Posiblemente nuestro apostolado sería infecundo.

Tenemos que mostrar a nuestros jóvenes la autenticidad de esta vocación. Realmente, en nuestra sociedad de hoy se minusvalora mucho la vida consagrada. Pero ¿cómo valorar algo que no se conoce? Realmente tenemos que dar a conocer esta vocación, provocando encuentros con las numerosas comunidades que hay en nuestra diócesis y que los jóvenes vean la gran felicidad que hay cuando se entrega totalmente la vida.

145. *El sacerdocio.* La Iglesia siempre ha cultivado una atención específica a la formación y al acompañamiento de los candidatos al sacerdocio. Por eso es preocupante la disminución de vocaciones al sacerdocio.

Por ello, en nuestra pastoral juvenil tenemos que saber mostrar el atractivo de la persona de Jesús y su llamada a ser pastores. Cuánto bien hace en una comunidad que en su seno nazca una vocación al sacerdocio, ayuda mucho a que los demás jóvenes se planteen esa llamada.

No dejemos en nuestra pastoral de hablar de esto. Que en nuestro acompañamiento a los jóvenes siempre tengamos una palabra sobre la vocación sacerdotal, siempre estemos dispuestos a acompañarlos en su discernimiento. Necesitamos pastores según el corazón de Cristo.

Y, por supuesto, no dejemos de pedir por el que es el corazón de nuestra diócesis: el seminario. Que los jóvenes no lo vean como algo lejano, sino cercano para poder plantearse si Dios le llama al sacerdocio. Todos los sacerdotes y agentes de pastoral deben hacer cercano el seminario a sus comunidades. Siendo el corazón de la diócesis no puede ser algo desconocido para nuestros jóvenes.

146. *Los solteros.* En esta reflexión sobre la vocación también tenemos que hablar de los solteros, situaciones de vida que son muy distintas unas de otras, pues puede depender de muchas razones.

San Pablo, en su carta a los Corintios, nos invita a permanecer célibes como él, para poder servir al Señor sin las limitaciones naturales que impone la vida matrimonial (*cf.* 1 Cor 7,32-34).

Los solteros, de ambos sexos, pueden hacer de su vida célibe, una aventura, siempre en gracia de Dios. Los solteros pueden dar y recibir amor desde su condición.

La Iglesia reconoce que tal condición, asumida desde la fe, puede convertirse en un camino hacia la vocación básica de cada hombre: la santidad.

d) Conclusión

147. ¿Qué actitudes ha de tener el acompañante de grupos de adolescentes? Quisiera terminar esta parte de la carta pastoral dedicada a los jóvenes con estas palabras en la que son los mismos jóvenes quienes expresaron en la reunión presinodal para la preparación del sínodo de los jóvenes lo que ellos esperaban de nosotros como acompañantes:

> "Las cualidades de dicho mentor incluyen: que sea un auténtico cristiano comprometido con la Iglesia y con el mundo; que busque constantemente la santidad; que comprenda sin juzgar; que sepa escuchar activamente las necesidades de los jóvenes y pueda responderles con gentileza; que sea muy bondadoso, y consciente de sí mismo; que reconozca sus límites, y que conozca la alegría y el sufrimiento que todo camino espiritual conlleva.
>
> Una característica especialmente importante en un mentor es el reconocimiento de su propia humanidad. Que son seres humanos que cometen errores: personas imperfectas, que se reconocen pecadores perdonados. Algunas veces, los mentores son puestos sobre un pedestal y, por ello, cuando caen provocan un impacto devastador en la capacidad de los jóvenes para involucrarse en la Iglesia.
>
> Los mentores no deberían llevar a los jóvenes a ser seguidores pasivos, sino más bien a caminar a su lado, dejándoles ser los protagonistas de su propio camino. Deben respetar la libertad que el joven tiene en su proceso de discernimiento y ofrecerles herramientas para que lo hagan bien.
>
> Un mentor debe confiar sinceramente en la capacidad que tiene cada joven de poder participar en la vida de la Iglesia. Por ello, un men-

tor, debe simplemente plantar la semilla de la fe en los jóvenes, sin querer ver inmediatamente los frutos del trabajo del Espíritu Santo. Este papel no debería ser exclusivo de los sacerdotes y de la vida consagrada, sino que los laicos deberán poder igualmente ejercerlo.

Por último, todos estos mentores deberían beneficiarse de una buena formación permanente"[39].

V. ¿QUÉ ES ESO PARA TANTOS?

Generar una cultura de acompañamiento

148. En el último apartado ya de esta carta pastoral en la que hemos abordado el tema de la pastoral de adolescencia y juventud en clave vocacional quisiera ofrecer unas palabras para los acompañantes de adolescentes y jóvenes. Una de las claves para hacer de verdad una pastoral de adolescencia y juventud en clave vocacional es la de animar a los chicos y chicas a la elaboración de su "Plan de Vida Cristiana", donde se comprometan a tener momentos regulares y planificados que les hagan acercarse poco a poco a Jesucristo. Hemos de insistirles mucho en la conveniencia de presentárselo de manera personal a su acompañante o al sacerdote.

Este acompañamiento personal supone encuentros frecuentes, a un ritmo estable. El acompañamiento requiere una relación de confianza mutua. Y hemos de cuidar mucho también el espacio ordinario donde tiene lugar la entrevista.

149. El acompañamiento parte de las cuestiones que plantee cada persona acompañada, pero busca un objetivo principal: ayudar a la persona acompañada a ser más fiel a su condición cristiana, a seguir a Cristo e imitarlo. Además, el seguimiento de Cristo pasa siempre por alguna opción de vida, pues Dios tiene un proyecto para cada persona. Y el acompañante no conoce ese plan que Dios tiene, pero debe ayudar a la persona acompañada a encontrar su proyecto.

---

[39] *Documento de la Reunión pre-sinodal para la preparación de la XV Asamblea General Ordinaria del Sínodo de los Obispos*, 24 de marzo de 2018, 12.

Junto a este objetivo general, el acompañamiento puede tener otros objetivos específicos que se pueden integrar con el anterior: conocerse a sí mismos cada vez mejor; aceptarse en los propios límites; saber manejar los conflictos; suavizar o fortalecer el propio carácter; responder mejor a las obligaciones académicas, laborales, familiares o sociales; crecer en las relaciones interpersonales...

Por último, desde mi punto de vista, hemos de cuidar mucho el diálogo en el acompañamiento. La conversación ha de ser muy cuidada. Lo primero y más importante es acoger y escuchar. Pero el acompañante ha de saber también preguntar: preguntar para ayudar a hablar, para profundizar; nunca por curiosidad, sino para entender y facilitar el proceso espiritual.

150. La persona acompañada ha de aprender a discernir su propia vida, sus reacciones, sus sentimientos. Ha de familiarizarse con las señales de Dios. Ese discernimiento de la persona acompañada ha de ser ayudado y confirmado por su acompañante, que discierne conjuntamente con ella. La relación ha de ser respetuosa, no directiva. El acompañante debe alejar la tentación de controlar la vida de la persona, incluso cuando considere que se equivoca.

Este acompañamiento personal necesita un caldo de cultivo, un suelo nutricio, una cultura. Nuestra primera propuesta es generar una cultura de acompañamiento. Hay que constatar que de hecho el acompañamiento no está ahora presente en todas nuestras dinámicas pastorales. ¿Cómo generar una cultura de acompañamiento? Hacemos algunas propuestas.

151. Todos sabemos que no es lo mismo acompañar a adolescentes, jóvenes o jóvenes adultos. Evidentemente, en la adolescencia el acompañamiento será más grupal y ambiental, y según pasen los años, será conveniente ofrecer un acompañamiento más personal. No hay una regla definitiva para saber cuándo, o a qué edad hay que ofrecerlo. Serán de gran ayuda la sabiduría del acompañante y los signos que perciba en el acompañado. ¿De qué signos hablamos? Destaco el momento madurativo de la persona y el tiempo en el que el joven se plantea un proyecto para su vida. Hay temas personales que no se pueden tocar ni tratar en una reunión de grupo, sino en un diálogo tú a tú. El acompañante debe ofrecer ese espacio para que el joven pueda crecer a su ritmo.

Si ofrecemos acompañamiento personal nos será más fácil conocer la situación en la que se encuentra cada joven, reconducir situaciones desfavorables, potenciar los elementos positivos y las circunstancias propicias, promover un crecimiento personal, asesorar en las decisiones que competen a su futuro y dar herramientas para el discernimiento personal.

152. Una cultura del acompañamiento da valor al discernimiento vocacional, entendido como el proceso de descubrimiento de la voluntad de Dios para la vida de cada uno. En este sentido, este proceso de discernimiento es para todos, porque todos tenemos una vocación. Es difícil que se produzca un proceso vocacional sin acompañamiento. Sabemos que el discernimiento vocacional fue uno de los temas claves del Sínodo de los Obispos sobre los jóvenes. La experiencia dice que según van pasando los años, el acompañamiento personal se convierte en un proceso que ayuda en el discernimiento personal y puede convertirse en lo que la tradición eclesial conoce como dirección espiritual. El acompañamiento personal es especialmente importante en la edad de jóvenes adultos y ayuda mucho en los momentos de decisión vocacional.

Esta cultura de acompañamiento necesita generar en los procesos formativos los espacios y momentos de acompañamiento. En este sentido, quiero hacer un inciso: necesitamos espacios físicos. Tomar una opción pastoral es desarrollar una propuesta operativa, donde se tiene en cuenta la dedicación de espacios. Creo que dotarnos de algún espacio físico puede hacer visible la cultura de acompañamiento.

153. Quien sienta la llamada al acompañamiento debe dejarse acompañar. Solo si nosotros mismos estamos viviendo la experiencia del acompañamiento espiritual, si experimentamos en nosotros mismos la dificultad de buscar la voluntad de Dios, podremos ofrecer esta ayuda a los jóvenes. La experiencia enseña que si falta todo esto podemos cometer errores y hacer daño.

También hay que decir que no todos pueden ser acompañantes porque entendemos que el acompañamiento es un carisma. Un carisma es un don que viene del Espíritu y que la persona lo recibe, lo acepta, desarrolla y ofrece para el bien del pueblo de Dios. Este carisma del acompañamiento lo pueden recibir tanto sacerdotes, como religiosos o laicos. Hoy especialmente muchos laicos están llamados a ejercer este ministerio. Una característica que no podemos olvidar es que el acompañante tiene que ser enviado por la Iglesia.

VI. JESÚS TOMÓ LOS PANES Y LOS PECES

154. Termina este pasaje que nos ha servido de hilo conductor en nuestra carta pastoral diciendo que Jesús tomó los panes y los peces que el muchacho le ofreció y así pudo realizar el milagro de la multiplicación. Este muchacho, ayudado y empujado por Andrés, puso todo lo que tenía al servicio de Jesús.

Queridos jóvenes, ahí tenéis un ejemplo de lo que ha de ser vuestra vida. ¡Poned todo lo que sois, todo lo que tenéis al servicio del Señor!

¡Él os necesita! ¡El Señor necesita de ti! Quizá en muchos momentos no sepas ni tú mismo lo que tienes... ¡Pero es mucho! Y el Señor lo necesita. Déjate ayudar para descubrir todos tus dones, todos tus talentos y ponerlos al servicio del Señor.

Está claro que ser joven implica siempre tomar decisiones, que son y deben ser siempre expresiones de la fe y de un auténtico amor. Esto es particularmente importante para un joven cristiano, que lee su camino de vida como respuesta discipular y misionera. ¡No tengáis miedo a tomar decisiones!

155. Para ayudaros en la toma de decisiones, os ofrezco el "proceso de discernimiento", que es el instrumento principal que la Iglesia desea ofrecer a los jóvenes para que descubran, a la luz de la fe, la propia vocación. Es decir, un camino con pasos determinados, ofrecido por la comunidad cristiana, que ayuda a los jóvenes a llegar al feliz puerto de una decisión de vida coherente con la propia fe y cauce para el amor, a la que llamamos vocación.

Es importante notar que el término "vocación" se utiliza en un sentido amplio. Vocación es la laical, religiosa y sacerdotal y es importante que todos los jóvenes cristianos elijan entre estas tres. Pero la vocación, especialmente la laical, que es la de la mayoría, se matiza y concreta a través de otras decisiones que afectan a la vida y por ello las podemos llamar "vocacionales", como la profesión, el matrimonio o tantas decisiones de carácter moral.

156. Termino estas líneas con un texto del papa Francisco en la Exhortación postnodal *Christus vivit* dedicada a los jóvenes:

> "Nuestra vida en la tierra alcanza su plenitud cuando se convierte en ofrenda. Recuerdo que «la misión en el corazón del pueblo no es una parte de mi vida, o un adorno que me puedo quitar; no es un apéndice o un momento más de la existencia. Es algo que yo no puedo arrancar de mi ser si no quiero destruirme. Yo soy una misión en esta tierra, y para eso estoy en este mundo». Por consiguiente, hay que pensar que toda pastoral es vocacional, toda formación es vocacional y toda espiritualidad es vocacional" *(ChV 254).*

VII. DIEZ RAZONES PARA PARTICIPAR EN LA JMJ LISBOA 2023

157. Como colofón a esta carta pastoral en la que he intentado reflexionar con toda la comunidad diocesana sobre la necesidad de potenciar la dimensión vocacional en nuestra Pastoral de Adolescencia y Juventud, no puedo terminar sin ofreceros a vosotros, queridos jóvenes, 10 sencillas razones para participar en la Jornada Mundial de la Juventud que viviremos, si Dios quiere, el próximo verano en Lisboa.

¿Por qué no puedo faltar a esta JMJ?

1. *Para estar con el Papa.* ¿Ya imaginaste pasar unos días cerca del Papa? ¡Estar en el mismo lugar que el Santo Padre es una experiencia inolvidable, así sea que estés a un kilómetro del altar el día de la misa de envío, o apenas puedas ver pasar el papamóvil! Además de la proximidad física, aprovecha para escuchar y apoyar al papa, sus palabras no te dejarán indiferente.

2. *Para conocer jóvenes de todo el mundo.* Lisboa va a acoger jóvenes de todos los continentes, y ¡tú puedes ser uno de ellos! Vas a ver banderas de muchos países, escuchar canciones y oraciones en más de una decena de idiomas, intercambiar opiniones con otros jóvenes – y hasta pulseras, cuentas de Instagram, números de teléfono y amistades. Te animo a preparar y llevar una caja con recuerdos para ofrecer a los peregrinos que vienen de todos los puntos del mundo.

3. *Para formar parte de una peregrinación única.* La Jornada Mundial de la Juventud existe desde hace un poco más de 30 años, pero la práctica de la peregrinación es más antigua. ¡Hacer una peregrinación puede ser una gran manera de rezar con el cuerpo! ¡Es muy común caminar muchos kilómetros durante el día y acostarse cansado y feliz! Y recuerda lo que te he dicho muchas veces: nosotros no somos vagabundos, somos peregrinos que sabemos de dónde venimos y a dónde vamos.

4. *Para experimentar la verdadera alegría de ser cristiano.* ¡La energía positiva de la JMJ no tiene nada que se compare! Las personas cantan y danzan por toda la ciudad. El ambiente es increíble, alegre, acogedor. ¡Trae tu buen humor y disposición! ¿Qué estas esperando?

5. *Para crear recuerdos en este evento único.* Se podría decir: "Lo que pase en la Jornada, se queda en la Jornada" ¿Crees que sí? ¡No! Sueña en grande, permítete contagiar y dejar que las experiencias que vivisteis en la Jornada no se guarden en una gaveta del pasado, ¡sino que trasciendan para el presente y el futuro!

6. *Para testimoniar la fe de diferentes culturas.* La JMJ es un momento disruptivo en que le mostramos al mundo que la Iglesia está ¡viva!

La JMJ no es solo para peregrinos. Implica a toda la ciudad que la acoge, ¡toda una comunidad! Lisboa se está preparando para recibirte a ti y a tus amigos.

7. *Para recargar baterías en tu relación con Dios.* Una vez escuché a un joven decir: "Esta semana es un oasis en mi año", un momento para reconectar con Dios. El ritmo de vida contemporánea es típicamente acelerado, nuestra atención es permanentemente requerida por los dispositivos. ¿Parar a meditar es muy difícil en el día a día? No te preocupes si no lo consigues tantas veces como te gustaría. ¡En la JMJ Lisboa 2023 tendrás la oportunidad de cargar esas baterías en la relación con Dios! Experimenta abrir todos tus sentidos a una escucha interior y podrás tener una gran sorpresa.

8. *Para aprender a servir y amar.* "¡Esta es la juventud del Papa! ¡Viva el Papa!". Lisboa retumbará con estos cantos a todo pulmón. Pero también surgirán necesidades. Mantente atento a los otros y a sus necesidades –sed, hambre, calor– y aprovecha para descubrir oportunidades para servir y amar. ¡Es a través de pequeños gestos que se transmite y recibe la paz!

9. *Para descubrir que somos muchos, que el Señor nos quiere juntos.* Sea cual sea el papel que desempeñes en la Jornada –peregrino o voluntario– es probable que determinados acontecimientos, historias, conversaciones o personas, te sacaran de tu zona de confort. ¡Aprovecha esos abanicos para rasgar tus horizontes! ¡JMJ es un momento privilegiado para orar en conjunto para el futuro!

10. Para tomar decisiones importantes. ¿Sabes qué más? La JMJ es un evento tan especial que nos lleva a percibir que no estamos solos, aunque algunas veces nos parezca. Hay muchas personas en todo el mundo que nos apoyan y que están también intentando ser santos. Deseamos que esta conciencia, alineada a la experiencia, te llene de coraje para tomar decisiones importantes, ¡de aquellas que dan vértigo! Seguro que resuena la pregunta fundamental de la vida en tu corazón... ¿Para quién soy yo?

Si aún estás dudando, no lo pienses más. Habla con el sacerdote de tu parroquia o con el responsable de tu asociación o movimiento y haz tu inscripción. La JMJ quiere ofrecerte una experiencia de Iglesia universal, propiciando un encuentro personal con Jesucristo.

Queridos jóvenes de la Archidiócesis de Toledo: ¡Os espero a todos en Lisboa!

En Toledo, a 24 de enero de 2023
Conmemoración de la Bienaventurada virgen María

✠ Francisco Cerro Chaves
Arzobispo de Toledo y Primado de España

FICHAS
DE
TRABAJO

AQUÍ HAY UN MUCHACHO

ORAMOS

Señor Jesús, amado del Padre, en Galilea te mostraste
como Dios y Hombre.

¿A quién acudiremos? Tú tienes Palabras de vida eterna.

Aquí y ahora levantas los ojos. Tu mirada penetra hasta lo más profundo.
Mirada que penetra hasta lo más recóndito del corazón.
Mirada que purifica y capacita.

Realiza nuevas cosas en medio de nuestros adolescentes y jóvenes.
Obra con prodigio y poder para que se haga el Milagro.

Nuestros adolescentes y jóvenes urgen y piden conversión.
Nunca será por el esfuerzo, sino obrando tú desde dentro.
Ellos te ofrecen y tú les multiplicas.

En nuestros adolescentes y jóvenes quieres realizar cosas nuevas.
Es la generación nueva.
Es una muchedumbre que tú purificas y regeneras por el Amor.

Que nunca se separen de ti.
Amén.

CONSIDERACIONES

En el capítulo "Ahí hay un muchacho" el arzobispo hace una *lectio divina* del evangelio de san Juan 6,1-14. El pasaje del niño que ofrece lo que tiene nos hace descubrir qué podemos hacer por los adolescentes y los jóvenes. No podemos ser pasivos, sino estar para dar el alimento necesario.

> Sin embargo, desde mi punto de vista, a la hora de hablar de los adolescentes y jóvenes de nuestros días, vemos que en la persona del Apóstol Andrés están representados todos ellos. »

>> A lo largo de esta carta haremos una profunda reflexión sobre la adolescencia y la juventud y el papel de los acompañantes, pero, a modo de introducción, podemos decir que el acompañante de adolescentes es aquel que sabe descubrir los talentos, los dones de los adolescentes y jóvenes, y ponerlos al servicio de la comunidad. (*Carta pastoral* 4)

COMENTAMOS

Esta carta va dirigida a los adolescentes y jóvenes desde la pastoral vocacional, pero ya desde el comienzo se dirige la atención a los acompañantes. Por eso nos preguntamos:

- ¿Cuáles son los retos de los acompañantes de adolescentes y jóvenes?
- ¿Cuál es la misión y tarea de los acompañantes?
- ¿Cómo realizar la obra de descubrir los talentos en jóvenes y adolescentes?

DIALOGAMOS

Andrés supo ver lo que este muchacho tenía, quizá con duda y con una actitud derrotista, pero vio lo que tenía y le movió a ofrecérselo al Señor para que realizara el milagro. Los acompañantes de adolescentes de nuestros días, como Andrés, han de estar prontos para ver todas las potencialidades que encierran los adolescentes, que son muchas, y moverlos a ponerlas al servicio de Dios y de la comunidad. Tenemos que hacer una apuesta firme por los adolescentes, aprender a "perder el tiempo" con ellos, para conocerlos, ayudarlos a desarrollarse del todo y acompañarlos en el tránsito hacia la juventud. (*Carta pastoral* 5)

Se propone un diálogo sobre cómo los acompañantes tienen una misión con los adolescentes y jóvenes con actitudes muy concretas. ¿Cuáles pueden ser estas actitudes?

CONCRETAMOS

Del diálogo anterior hemos de concretar varias cuestiones:

- ¿Cuál debe ser el criterio desde el que enfocar el acompañamiento a nuestros adolescentes y jóvenes?
- ¿Cómo poner al servicio de Dios y de la comunidad las potencialidades de los jóvenes?
- ¿Cómo acompañar a los adolescentes y los jóvenes desde su realidad?

PACTAMOS

> Aquí se ve cómo el Señor Jesús ha ido progresivamente acompañándoles a que vayan descubriendo quién es él, para abrirse a la llamada, a seguirlo por los caminos haciendo el bien. Sin olvidar ni uno de los detalles con los que el Señor, siempre que le vamos descubriendo, nos va poniendo como signos en el camino: la acogida, la escucha, el sentarse en el suelo, el contar siempre con nuestros panes y peces, la paciencia, y llevarnos a que descubramos el profundo amor de Jesús, que abre su corazón para crear en nosotros una profunda amistad que conduce a la elección, al seguimiento. (*Carta pastoral* 18)

Nos proponemos actitudes que necesitamos adquirir o potenciar para acompañar a adolescentes y jóvenes.

ADOLESCENTES, NO PERDÁIS VUESTRA INQUIETUD. ¡CRECED CON CRISTO EN LA IGLESIA!

RECONOCER

El apóstol Andrés presenta al adolescente ante Jesús. ¡Lo lleva ante Jesús!

ORAMOS

Señor Jesús,
tu Iglesia dirige su mirada a todos los adolescentes del mundo.

Te rezamos para que, con coraje,
tomen sus vidas en sus manos,
apunten a las cosas más bellas y más profundas
y siempre mantengan un corazón libre.

Que, acompañados por guías sabios y generosos,
sean ayudados a responder a la llamada
que diriges a cada uno de ellos,
para realizar su propio proyecto de vida
y alcanzar la felicidad.

Mantén sus corazones abiertos a grandes sueños
y hazlos atentos al bien de los hermanos.

Como el Discípulo amado,
ellos también estén bajo la Cruz
para dar la bienvenida a tu Madre,
recibiéndola como un regalo tuyo.

Sean testigos de tu resurrección
y sepan reconocerte vivo junto a ellos
anunciando con alegría que tú eres el Señor. Amén.

CONSIDERACIONES

En esta parte de la carta pastoral se expresa el entorno y la realidad de los adolescentes desde la vida cristiana. Se hace el análisis de cuál es la propuesta de vida cristiana, de las comunidades cristianas y de la formación de la conciencia. Nos fijamos en el punto de la propuesta de vida cristiana:

> A veces se presenta la vida cristiana como algo muy intimista. En la esfera pública no se pueden hacer manifestaciones de fe. En las comunidades cristianas son mínimas las expresiones de fe que transforman la vida. No una fe que se quede en ideas, sino que se exprese en acciones que hablen. En la Iniciación cristiana a veces nos hemos quedado en una vivencia muy pasiva, sin hacerles vivir y vibrar en lo nuclear de la vida cristiana. Aquí hay un gran drama que hemos de examinar todos en conciencia para una transmisión de la fe viva. Aquí está de fondo una cuestión que me preocupa: el despertar religioso. Lo que no se ha realizado en la infancia, sigue aún sin realizarse en la adolescencia. (*Carta pastoral* 30)

 ## COMENTAMOS

Se examina la realidad pastoral con los adolescentes que se lleva a cabo. Por eso nos preguntamos:
- ¿Cómo es la transmisión de la fe a los adolescentes?
- ¿Cómo ha de ser la relación de fe y vida con los adolescentes?
- ¿Cómo despertar a la fe en los adolescentes?

DIALOGAMOS

> ***Búsqueda de identidad – Falta de raíces:*** Los adolescentes necesitan buscar su identidad, encontrarse con ellos mismos. Pero eso nunca será algo a elegir. Sino que está inscrito en su naturaleza. En la búsqueda de ellos mismos se dará la diferenciación sana con el otro sexo. No siempre se fomenta la memoria »

>> afectiva en estas edades. Realizar el relato de su vida desde su verdad más profunda, desde lo que son. Las referencias que hemos de dar a nuestros adolescentes tienen que ver con testimonios auténticos. (*Carta pastoral* 32)

Se propone un diálogo sobre la necesidad de introducir testimonios en la transmisión de la fe para que se realice el anuncio del kerigma (anuncio de Jesús muerto y resucitado) y una lectura sana de la vida y de la historia.

Concretamos

Del diálogo anterior hemos de concretar varias cuestiones:
- ¿Cuáles son las heridas de nuestros adolescentes?
- ¿Cómo ayudarlos a curarlas y a sanarlas?
- ¿Cómo hacer que se realice la transmisión de la fe y la integración en la Iglesia desde las vivencias y experiencias?

Pactamos

Pandillas – amistad. En la adolescencia se da también una evolución en la forma de demostrar la amistad. Suelen estar muy presente modas y tendencias en el que ellos suelen clasificarse. En esta etapa está muy presente el "pandillerismo". Todavía las relaciones personales más profundas y únicas no están presentes. Lo importante es estar entre iguales. Se presentan nuevas formas de pandillas que tienden a creación de bandas. Lo negativo es cuando les distingue para crear ciertas divisiones o actos de vandalismo. (*Carta pastoral* 40)

Concretamos cómo podemos fomentar la amistad en los grupos de adolescentes que acompañamos.

ADOLESCENTES, NO PERDÁIS VUESTRA INQUIETUD. ¡CRECED CON CRISTO EN LA IGLESIA!

INTERPRETAR

El adolescente se pone ante Jesús con sus panes y peces.

 ### ORAMOS

Señor Jesús,
tu Iglesia dirige su mirada a todos los adolescentes del mundo.

Te rezamos para que no pierdan la gratuidad de su entrega,
que pongan al servicio de la sociedad y la Iglesia
los maravillosos dones que de ti han recibido.

Que nuestras comunidades sean lugares de acogida para ellos,
sea cuál sea su historia y su condición.

Mantén sus manos abiertas al servicio
y hazlos atentos a las necesidades de los hermanos.

Que resuene en su corazón el primer anuncio,
que sea su luz, su fortaleza y su liberación.

Como el discípulo amado, estén también ellos al pie de la Cruz
para acoger a tu madre, recibiéndola de ti como un don.

Sean testigos de tu resurrección
y sepan reconocerte vivo, junto a ellos,
anunciando con alegría que tú eres el Señor.

Amén.

CONSIDERACIONES

En este momento se habla de la realidad y propuesta de vida cristiana que está presente en el día del Señor, la Iniciación cristiana, los grupos de adolescentes, los retiros de primer anuncio, las clases de Religión y la Escuela católica:

> Habría que procurar que una vez recibido el sacramento de la confirmación se siguiera urgiendo a la plenitud de la vida cristiana en la comunión de la Iglesia. Es necesario proponer un itinerario de escuela de evangelizadores con una misión o apostolado que pudieran realizar en las parroquias, asociaciones o movimientos. Esta es una de las crisis que más nos encontramos en la vida de la fe de los postconfirmandos: no tienen nada que entregar. Lo que no se entrega, no te capacita para recibir. Es muy importante iniciar en una vida de discipulado que en el nombre de Jesús sean enviados de dos en dos como misioneros. (*Carta pastoral* 49)

 ## COMENTAMOS

Se examina la realidad pastoral con los adolescentes que se lleva a cabo. Por eso nos preguntamos:

- ¿Cómo son nuestras propuestas pastorales para los adolescentes?
- ¿Cómo transmitimos la fe en la escuela, en la familia, en la parroquia?
- ¿Cómo despertar la alegría de la fe en los adolescentes?

DIALOGAMOS

> A veces pienso que nuestro ejemplo de vida, como también en la transmisión de la fe y en la alegría de comunicar dejamos mucho que desear. Presentamos la vida cristiana de manera muy desfigurada. Esto me preocupa. Porque la fe se transmite contagiando. La fe se expresa en vivacidad. El contacto con el Dios vivo tiene que hacer vislumbrar vida a los que nos dirigimos. Esta novedad no siempre está presente. (*Carta pastoral* 52)

Se propone un diálogo sobre la necesidad de dar continuidad al encuentro con Jesús que no puede ser algo transitorio y puntual, sino que tiene que alcanzar su plenitud en la comunidad.

 ## CONCRETAMOS

Del diálogo anterior hemos de concretar varias cuestiones:
- ¿Cómo ayudarlos a realizar una revisión de sus vidas?
- ¿Cómo transmitirles la alegría cristiana de sentirse amados por Dios?
- ¿Cómo darles herramientas que les hagan conocerse y quererse?

 ## PACTAMOS

> *Pandilla-amistad-bandas.* Es un momento muy importante para forjar verdaderas amistades. En los grupos parroquiales, de movimientos, asociaciones de Iniciación cristiana tienen un componente de mucha importancia los grupos de amigos. Esto hay que tenerlo presente. Los grupos de adolescentes que se forman han de vivirse desde el amor de Jesús. (*Carta pastoral* 56)

Concretamos cómo fomentar la amistad en los grupos de adolescentes porque "el amor crece a través del amor".

ADOLESCENTES, NO PERDÁIS VUESTRA INQUIETUD. ¡CRECED CON CRISTO EN LA IGLESIA!

ELEGIR

Jesús toma los panes que el adolescente le presenta.

ORAMOS

Señor Jesús,
tu Iglesia dirige su mirada a todos los adolescentes del mundo.

Te rezamos para que, con coraje,
tomen sus vidas en sus manos,
apunten a las cosas más bellas y más profundas
y siempre mantengan un corazón libre.

Que, acompañados por guías sabios y generosos,
sean ayudados a responder a la llamada
que diriges a cada uno de ellos,
para realizar su propio proyecto de vida
y alcanzar la felicidad.

Mantén sus corazones abiertos a grandes sueños
y hazlos atentos al bien de los hermanos.

Como el discípulo amado,
ellos también estén bajo la cruz
para dar la bienvenida a tu madre,
recibiéndola como un regalo tuyo.

Sean testigos de tu resurrección
y sepan reconocerte vivo junto a ellos
anunciando con alegría que tú eres el Señor. Amén.

CONSIDERACIONES

Se forman adolescentes cristianos viviendo "con Cristo en la Iglesia":

> La Iglesia es el grupo de los amigos de Jesús que forman una comunidad tan grande y especial que llamamos "pueblo de Dios". Hemos sido llamados y elegidos para formar una nación santa. Él nos ha elegido. Él es fiel. Y como ciudadanos que somos estamos llamados para realizar una misión. La Iglesia es el lugar privilegiado donde acogemos y entregamos la salvación para todos los hombres. Aquí somos muy eficaces. La vida tiene un valor incalculable cuando colaboramos y participamos del bien de todos. (*Carta pastoral* 63)

 ## COMENTAMOS

Este vivir con Cristo en la Iglesia es la vida del discípulo misionero. Por eso nos preguntamos:

- ¿Mostramos la vida cristiana como una amistad?
- ¿La vida de la Iglesia es un lugar familiar? ¿Cómo vivirlo?
- ¿Les ofrecemos misiones a los adolescentes?

 ## DIALOGAMOS

> Habría como distintos momentos para que se exprese esta formación de cristianos en la etapa de los adolescentes, que se debería realizar a la vez: Personas que encarnen la gran novedad de ser cristianos (serían los acompañantes), presentar el testimonio y el servicio como el alma de la vida del cristiano, entrar en el diálogo y la escucha como elementos de transmisión, el anuncio explícito de Jesucristo y vivir esta vida en la comunidad.
>
> También veo conveniente que se realicen como distintos "pasos de fe y de vida comunitaria" a lo largo de toda la »

» adolescencia en los grupos para que se ponga de manifiesto lo sensible de las distintas etapas de madurez del adolescente y su integración en la vida comunitaria eclesial. (*Carta pastoral* 65)

Se propone un diálogo sobre los elementos necesarios del proceso, los pasos que realizar en los adolescentes.

 ## CONCRETAMOS

Del diálogo anterior hemos de concretar varias cuestiones:
- ¿Cómo es la continuidad de los adolescentes en grupos?
- ¿Cómo se pueden ver como protagonistas de la vida cristiana?
- ¿En qué momentos hacer más visible la participación de Cristo en la Iglesia?

 ## PACTAMOS

Me gustaría subrayar como los lugares idóneos para que los adolescentes puedan vivir su fe:

La parroquia. Creando itinerarios y procesos necesarios para el crecimiento de los adolescentes. También proveyendo de acompañantes que tengan como un ministerio o servicio de ayuda a adolescentes.

El arciprestazgo. Crear encuentros y acciones que puedan hacer que convivan los adolescentes y que tengan distintos momentos importantes para que se vea lo necesario de la comunión. Para ello la Delegación de Adolescencia y Juventud está viendo el modo de realizar distintos encuentros para que los adolescentes puedan realizar.

Acciones diocesanas. La Delegación de Adolescencia y Juventud provee de encuentros y jornadas para que se puedan tener acontecimientos eclesiales en todas las dimensiones de la fe. Para aquellos adolescentes que están realizando la Iniciación cristiana tendremos algunos encuentros organizados por la Delegación de Catequesis y la de Adolescencia y Juventud. Sobre todo, quisiera anunciar el encuentro anual que tendremos en la Cuaresma con los que se preparan a la confirmación para realizar una celebración en la que depositen el aceite que luego bendeciré y consagraré en la Misa Crismal. (*Carta pastoral* 82)

Concretamos cómo ha de realizarse la pastoral en estos lugares idóneos para que los adolescentes puedan vivir su fe.

JÓVENES,
¡SOIS EL AHORA DE DIOS!

RECONOCER

Texto evangélico: *Aquí hay un chico que tiene cinco panes y dos peces.*

 ## ORAMOS

Señor Jesús,
tu Iglesia dirige su mirada a todos los adolescentes del mundo.

Te rezamos para que, con coraje,
tomen sus vidas en sus manos,
apunten a las cosas más bellas y más profundas
y siempre mantengan un corazón libre.

Que, acompañados por guías sabios y generosos,
sean ayudados a responder a la llamada
que diriges a cada uno de ellos,
para realizar su propio proyecto de vida
y alcanzar la felicidad.

Mantén sus corazones abiertos a grandes sueños
y hazlos atentos al bien de los hermanos.

Como el discípulo amado,
ellos también estén bajo la cruz
para dar la bienvenida a tu madre,
recibiéndola como un regalo tuyo.

Sean testigos de tu resurrección
y sepan reconocerte vivo junto a ellos
anunciando con alegría que tú eres el Señor.

Amén.

CONSIDERACIONES

Aquí analizamos dos aspectos: cómo son los jóvenes de hoy día y, concretando, cómo es el joven católico de hoy. Para ello nos detenemos en algunas de las cuestiones más influyentes en los jóvenes de hoy: el consumismo, las nuevas tecnologías, la cultura de lo inmediato, la hiperemotividad, la proliferación de las ideologías...

> La disminución de la práctica religiosa no quiere decir que haya disminuido la búsqueda espiritual: "En algunos jóvenes reconocemos el deseo de Dios, aunque no tengan todos los contornos del Dios revelado. En otros podremos vislumbrar un sueño de fraternidad, que no es poco. En muchos habrá un deseo real de desarrollar las capacidades que hay en ellos para aportarle algo al mundo. En algunos vemos una sensibilidad artística especial, o una búsqueda de armonía con la naturaleza. En otros habrá quizás una gran necesidad de comunicación. En muchos de ellos encontraremos un profundo deseo de una vida diferente. Se trata de verdaderos puntos de partida, fibras interiores que esperan con apertura una palabra de estímulo, de luz y aliento" [ChV84]. (*Carta pastoral* 94)

COMENTAMOS

Tenemos en cuenta estos elementos especialmente influyentes en los jóvenes de hoy día y nos preguntamos:
- ¿Crees que falta algún otro elemento influyente?
- Entre los enumerados, ¿cuál es el que más les influye?
- ¿En qué modo esto afecta a la relación de los jóvenes con Dios?

DIALOGAMOS

> A la hora de analizar esta pastoral vocacional juvenil, lo primero que tenemos que tener presente es que no hay un solo método válido, no hay pastorales mejores o peores para los jóvenes (sí

que podemos establecer una diferencia entre pastorales mejor o peor preparadas, pastorales donde nos implicamos más o menos). Lo único que hay es el Evangelio, donde vemos que Cristo ama a cada persona de una manera única. Ese sí que es el único método válido: amar como Dios nos ama, lo único capaz de cambiar los corazones, lo único capaz de hacer ver a un joven que su vida merece la pena, que su vida, vivida con Dios, es auténticamente plena. (*Carta pastoral* 99)

Se propone un diálogo sobre cómo evangelizar en la cultura actual. Sin demonizar ni canonizar la cultura prevalente hoy, debemos buscar y encontrar puntos de encuentro en esta cultura juvenil para que los jóvenes encuentren a Dios en su día a día.

CONCRETAMOS

A partir del diálogo anterior, pensamos una serie de concreciones para nuestra misión personal de evangelizar a los jóvenes, con la ayuda de estas preguntas:
- ¿Cómo podemos ayudar a los jóvenes, inmersos en esta cultura, a que tengan un verdadero encuentro con Cristo?
- ¿Llegamos a los jóvenes o los damos por perdidos?
- ¿Cómo puedo ayudar a un joven que busca pero en el lugar equivocado?

PACTAMOS

La pastoral, para que sea fructífera, para que cada uno encuentre la vocación a la que Dios le llama, tiene que ser una pastoral desde el corazón de Cristo. Una pastoral que se haga presente, que acompañe; que no busque la eficacia, sino la misericordia; que no busque el fruto, sino el sembrar; que no busque el transmitir personalismos, sino transmitir a Cristo. (*Carta pastoral* 99)

Proponemos iniciativas para poder encontrarnos con los jóvenes, anunciarles el evangelio y la llamada personal que Dios les hace.

JÓVENES,
¡SOIS EL AHORA DE DIOS!

INTERPRETAR

Texto evangélico: *¿Qué es esto para tanta gente?*

 ## ORAMOS

Señor Jesús,
tu Iglesia dirige su mirada a todos los adolescentes del mundo.

Te rezamos para que, con coraje,
tomen sus vidas en sus manos,
apunten a las cosas más bellas y más profundas
y siempre mantengan un corazón libre.

Que, acompañados por guías sabios y generosos,
sean ayudados a responder a la llamada
que diriges a cada uno de ellos,
para realizar su propio proyecto de vida
y alcanzar la felicidad.

Mantén sus corazones abiertos a grandes sueños
y hazlos atentos al bien de los hermanos.

Como el discípulo amado,
ellos también estén bajo la cruz
para dar la bienvenida a tu madre,
recibiéndola como un regalo tuyo.

Sean testigos de tu resurrección
y sepan reconocerte vivo junto a ellos
anunciando con alegría que tú eres el Señor.

Amén.

CONSIDERACIONES

En este apartado hacemos referencia a las dificultades que encuentran las parroquias a la hora de anunciar el evangelio a los jóvenes, aludiendo a varios problemas: la falta de perseverancia, la secularización de la sociedad, la falta de vocaciones...

> Es esencial la pastoral de jóvenes en la comunidad parroquial. Si realmente tenemos eventos capaces de suscitar muchas semillas de fe, tenemos que ser capaces de ofrecer la tierra donde sembrar estas semillas, para que puedan vivir la fe del día a día, porque, si no, corremos el riesgo de vivir con la nostalgia de ir de "subidón en subidón" espiritual. (*Carta pastoral* 106)

Es muy necesario insertar la pastoral juvenil dentro de la comunidad parroquial, y así favorecer una pastoral con jóvenes, no solo para los jóvenes. Desde estas comunidades, los jóvenes profundizarán en su relación con el Señor y verán claro la necesidad de evangelizar:

> Así es como los jóvenes experimentarán que, en la entrega de la propia vida, incluso en sitios que no son atractivos para ellos, es donde se encuentra la auténtica vida. Es más, en la entrega de la propia vida en la comunidad es donde los jóvenes podrán hacer concreta la llamada que Dios les hace. Que los jóvenes evangelicen donde se les pida, también les ayudará a saber hacia dónde Dios les llama. (*Carta pastoral* 108)

 COMENTAMOS

Teniendo en cuenta la necesidad de la inserción de la pastoral juvenil en nuestras comunidades parroquiales, nos preguntamos:

- ¿Cómo es la acogida de los jóvenes en nuestras realidades eclesiales?
- ¿Favorecemos que los jóvenes colaboren en la vida de nuestras parroquias o movimientos?
- En nuestro trato con los jóvenes, ¿les ofrecemos actividades solo para ellos o también actividades con ellos?

 **DIALOGAMOS**

Una vez constatada la importancia de la inserción de la pastoral juvenil en la vida parroquial, vemos ahora cómo favorecer que los propios jóvenes sean misioneros en medio de su realidad.

> El fruto del encuentro con Cristo no es solo la conversión personal y el seguimiento de Cristo, sino también el envío misionero: "Id y proclamad el Reino de Dios" [Mt 10,7], con el que también tendremos a unos jóvenes atentos a las necesidades de cualquier miembro de la comunidad. Así es como los jóvenes experimentarán que, en la entrega de la propia vida, incluso en sitios que no son atractivos para ellos, es donde se encuentra la auténtica vida. Es más, en la entrega de la propia vida en la comunidad es donde los jóvenes podrán hacer concreta la llamada que Dios les hace. (*Carta pastoral* 108)

En la carta pastoral se repasan distintas iniciativas:

1. Por un lado, *analizar la acogida de los jóvenes en la parroquia:* revitalizar el anuncio del kerigma, la centralidad de los sacramentos y las catequesis mistagógicas. No dejar de cuidar los grupos de jóvenes, oración y formación.

2. Por otro, *favorecer que los jóvenes sean misioneros.* Para ello, se anima a favorecer las actividades de servicio en las parroquias, voluntariados entre los más necesitados

3. Y también *promover puntos de encuentro entre la cultura juvenil y la Iglesia*: evangelizar a través de la cultura y el arte; proponer actividades de ocio y tiempo libre; revitalizar la piedad popular...

> Por eso animo a que en las parroquias y movimientos se desarrolle este ímpetu misionero empezando por la propia comunidad. Que se creen momentos en la vida parroquial donde se favorezca una misión para que los propios jóvenes de la parroquia salgan al encuentro de los demás. Estas actividades ya vienen desarrollándose de una manera sencilla y eficaz, como por ejemplo, creando comidas solidarias, torneos deportivos benéficos..., son

> espacios creados por los jóvenes para llegar a más jóvenes en la vida ordinaria. ¡Sigamos por esos caminos! (*Carta pastoral* 124)

Se propone un diálogo sobre cómo crear puntos de encuentro con los jóvenes. Sin demonizar ni canonizar la cultura de hoy, debemos buscar y encontrar puntos de encuentro en esta cultura juvenil para que los jóvenes encuentren a Dios en su día a día.

 ## CONCRETAMOS

En nuestras vidas y en nuestra comunidad de vida:

- ¿Vemos que hay un ímpetu misionero entre los jóvenes?
- ¿Cómo hacer que los jóvenes se comprometan con la vida de la Iglesia y el anuncio del evangelio?

 ## PACTAMOS

Jesucristo nos dice en el Evangelio: *la perseverancia salvará vuestras almas.* Ahora es el momento de ser valientes y crear estructuras donde los jóvenes puedan ser perseverantes a la vocación a la que el Señor les haya llamado.

Para ello, como final, seamos creativos y propongamos en nuestra parroquia grupos de vida para los jóvenes.

JÓVENES, ¡SOIS EL AHORA DE DIOS!

ELEGIR

Texto evangélico: *comieron hasta quedar saciados*

ORAMOS

Señor Jesús,
tu Iglesia dirige su mirada a todos los adolescentes del mundo.

Te rezamos para que, con coraje,
tomen sus vidas en sus manos,
apunten a las cosas más bellas y más profundas
y siempre mantengan un corazón libre.

Que, acompañados por guías sabios y generosos,
sean ayudados a responder a la llamada
que diriges a cada uno de ellos,
para realizar su propio proyecto de vida
y alcanzar la felicidad.

Mantén sus corazones abiertos a grandes sueños
y hazlos atentos al bien de los hermanos.

Como el discípulo amado,
ellos también estén bajo la cruz
para dar la bienvenida a tu madre,
recibiéndola como un regalo tuyo.

Sean testigos de tu resurrección
y sepan reconocerte vivo junto a ellos
anunciando con alegría que tú eres el Señor.

Amén.

CONSIDERACIONES

> La vocación es el eje en torno al que se integran todas las dimensiones de la persona. Este principio concierne a la pastoral en su conjunto. Por tanto, no pido reforzar la pastoral vocacional como algo aislado, sino animar a toda la pastoral de la Iglesia que presente la variedad de las vocaciones. En efecto, el objetivo de la pastoral juvenil es ayudar a todos los jóvenes, mediante un camino de discernimiento, a "alcanzar la madurez que corresponde a la plenitud de Cristo" [Ef 4,13]. Por ello, la pastoral vocacional debe ser el elemento unificador de toda la pastoral juvenil. Toda pastoral, y en particular la juvenil, es originalmente vocacional. (*Carta pastoral* 126)

En este apartado vamos a ver cómo la pastoral vocacional no es un añadido o un apartado más en la pastoral juvenil, sino que debe ser algo transversal a la hora de guiar a los jóvenes en el seguimiento de Jesucristo, puesto que "la pastoral juvenil tiene un fin: saber qué es lo que Dios quiere de mi vida" (*Carta pastoral* 127).

Nunca podemos dejar de anunciar que Dios nos llama a la santidad en una vocación en concreto. Por ello, entre los jóvenes debe ser unánime y reiterada una llamada: has nacido para ser santo.

 ## COMENTAMOS

Acogiendo esta llamada universal a la santidad dentro de la pastoral juvenil:

- ¿Hago ver a los jóvenes que están llamados a la santidad?
- ¿Hablo con ellos sobre la vocación?
- ¿Les animo a que escuchen la llamada que el Señor les hace y la sigan?

 ## DIALOGAMOS

> Como la vocación es un descubrir a qué les llama Dios en su vida concreta, nosotros tenemos que disponer de los medios adecua-

> dos para que se dé este encuentro. La vocación no es un guión ya escrito, ni una improvisación. Como Dios nos llama para estar con Él, tenemos que hacer ver a los jóvenes que su libertad está dentro del proyecto del amor de Dios. (*Carta pastoral* 132)

¿Cómo desarrollar una cultura de la vocación? Esa pregunta tiene que obtener una respuesta en nuestra pastoral juvenil. No podemos plantear una pastoral juvenil sin ser vocacional, para ello es necesario cuidar:

- La pastoral de la presencia: que a los jóvenes nunca les "falten ejemplos de vida en los que se haga patente que han escuchado la voz del Señor para cualquier estado de vida: sacerdocio, vida consagrada, matrimonio o llamados para la misión" (*Carta pastoral* 134).
- Crear una cultura del discernimiento vocacional entre los jóvenes. Es algo esencial en su vida de fe. "Es necesario que la comunidad eclesial [...] favorezca un clima de confianza y libertad para proceder a la búsqueda de la vocación" (*Carta pastoral* 136).

Estas dos claves ayudarán al joven a plantearse de una manera seria la llamada que Dios le hace en su vida.

 ## CONCRETAMOS

Para animar a que los jóvenes respondan a la llamada de Dios, lo primero que nos tenemos que proponer es ser testimonio para los jóvenes. ¿Realmente lo somos?

Además, es necesario que hablemos a los jóvenes del discernimiento vocacional para que ellos sepan qué es lo que realmente quiere el Señor de ellos. ¿Hablamos del discernimiento en la pastoral juvenil?

 ## PACTAMOS

Nos planteamos la necesidad de adoptar un compromiso de ser acompañantes de los jóvenes en su camino de encuentro, perseverancia y discernimiento vocacional. Por ello, ¡animémonos en este apasionante camino del acompañamiento a los jóvenes! ¿Tengo un compromiso de ser acompañante de jóvenes?

Nos puede orientar el *Documento de la Reunión presinodal* sobre los jóvenes donde se enumeran las cualidades del acompañante:

"Las cualidades de dicho mentor incluyen: que sea un auténtico cristiano comprometido con la Iglesia y con el mundo; que busque constantemente la santidad; que comprenda sin juzgar; que sepa escuchar activamente las necesidades de los jóvenes y pueda responderles con gentileza; que sea muy bondadoso, y consciente de sí mismo; que reconozca sus límites y que conozca la alegría y el sufrimiento que todo camino espiritual conlleva.

Una característica especialmente importante en un mentor es el reconocimiento de su propia humanidad. Que son seres humanos que cometen errores: personas imperfectas, que se reconocen pecadores perdonados. Algunas veces, los mentores son puestos sobre un pedestal y, por ello, cuando caen provocan un impacto devastador en la capacidad de los jóvenes para involucrarse en la Iglesia.

Los mentores no deberían llevar a los jóvenes a ser seguidores pasivos, sino más bien a caminar a su lado, dejándoles ser los protagonistas de su propio camino. Deben respetar la libertad que el joven tiene en su proceso de discernimiento y ofrecerles herramientas para que lo hagan bien.

Un mentor debe confiar sinceramente en la capacidad que tiene cada joven de poder participar en la vida de la Iglesia. Por ello, un mentor, debe simplemente plantar la semilla de la fe en los jóvenes, sin querer ver inmediatamente los frutos del trabajo del Espíritu Santo. Este papel no debería ser exclusivo de los sacerdotes y de la vida consagrada, sino que los laicos deberán poder igualmente ejercerlo.

Por último, todos estos mentores deberían beneficiarse de una buena formación permanente". (*Carta pastoral* 147)

¿QUÉ ES ESO PARA TANTOS? GENERAR UNA CULTURA DE ACOMPAÑAMIENTO

ORAMOS

Señor Jesús, así como tú llamaste los primeros discípulos,
haz que tu sublime invitación continúe resonando: ¡Venid a mí!

Da a los jóvenes, hombres y mujeres, la gracia de responder
prontamente a la llamada.

Concede perseverancia a todos aquellos que llevan hacia adelante
los ideales de una vida totalmente consagrada a tu servicio.

Despierta en nuestra comunidad un entusiasmo misionero.

Virgen María, madre de la Iglesia, modelo de toda vocación,
ayúdanos a decir sí al Señor, que nos llama a cooperar
en el plan divino de salvación. Amén.

CONSIDERACIONES

La herramienta más poderosa para formar, transmitir y vivir en la vida cristiana
es el acompañamiento. Los objetos principales del acompañamiento se expresan a continuación:

> El acompañamiento parte de las cuestiones que plantee cada persona acompañada, pero busca un objetivo principal: ayudar a la persona acompañada a ser más fiel a su condición cristiana, a seguir a Cristo e imitarlo. Además, el seguimiento de Cristo pasa siempre por alguna opción de vida, pues Dios tiene un proyecto para cada persona. Y el acompañante no conoce ese plan que Dios tiene, pero debe ayudar a la persona acompañada a encontrar su proyecto.

Junto a este objetivo general, el acompañamiento puede tener otros objetivos específicos que se pueden integrar con el anterior: conocerse a sí mismos cada vez mejor; aceptarse en los propios límites; saber manejar los conflictos; suavizar o fortalecer el propio carácter; responder mejor a las obligaciones académicas, laborales, familiares o sociales; crecer en las relaciones interpersonales... (*Carta pastoral* 149)

COMENTAMOS

En el acompañamiento hemos de interrogarnos:

- ¿Cómo ayudar a seguir a Cristo en la Iglesia acompañando a adolescentes y jóvenes?
- ¿Nuestros adolescentes y jóvenes cómo descubrirán la misericordia desde nuestro acompañamiento?
- ¿En nuestros acompañamientos cómo planteamos las opciones de vida y una vida espiritual más profunda?

DIALOGAMOS

La persona acompañada ha de aprender a discernir su propia vida, sus reacciones, sus sentimientos. Ha de familiarizarse con las señales de Dios. Ese discernimiento de la persona acompañada ha de ser ayudado y confirmado por su acompañante, que discierne conjuntamente con ella. La relación ha de ser respetuosa, no directiva. El acompañante debe alejar la tentación de controlar la vida de la persona, incluso cuando considere que se equivoca. (*Carta pastoral* 150)

Proponemos un diálogo sobre cómo debe ser el arte del acompañamiento.

 ## CONCRETAMOS

Del diálogo anterior hemos de concretar varias cuestiones:

- ¿En nuestro ambiente eclesial se ha creado una cultura de acompañamiento? ¿Cómo hacerlo?
- ¿Cuáles son las características que deben tener los acompañantes?
- ¿En qué pastorales deberíamos subrayar más la necesidad del acompañamiento?

 ## PACTAMOS

> Una cultura del acompañamiento da valor al discernimiento vocacional, entendido como el proceso de descubrimiento de la voluntad de Dios para la vida de cada uno. En este sentido, este proceso de discernimiento es para todos, poque todos tenemos una vocación. (*Carta pastoral* 152)

Concretamos acciones para realizar la pastoral vocacional con adolescentes y jóvenes.

DOCUMENTOS ADICIONALES

- Discursos y mensajes del santo padre Francisco durante la JMJ de 2023 en Lisboa

- Catequesis de don Francisco, arzobispo de Toledo, durante la JMJ de 2023 en Lisboa

DISCURSOS Y MENSAJES DEL SANTO PADRE FRANCISCO
JMJ LISBOA 2023

1. ENCUENTRO CON LAS AUTORIDADES, LA SOCIEDAD CIVIL Y EL CUERPO DIPLOMÁTICO

DISCURSO DEL SANTO PADRE

CENTRO CULTURAL DE BELÉM, LISBOA. MIÉRCOLES, 2 DE AGOSTO DE 2023

Este es el primer momento que vive el papa en Lisboa. Su santidad manda un mensaje a Europa para seguir aportando su originalidad específica y "abrir caminos de diálogo e inclusión desarrollando una diplomacia de paz que apague los conflictos". Un mensaje de esperanza, una esperanza que debe ser luz en los focos de guerra.

www.e-sm.net/222081_01

2. VÍSPERAS CON LOS OBISPOS, SACERDOTES, DIÁCONOS, CONSAGRADOS, CONSAGRADAS, SEMINARISTAS Y AGENTES PASTORALES

HOMILÍA DEL SANTO PADRE

MONASTERIO DE LOS JERÓNIMOS, LISBOA. MIÉRCOLES, 2 DE AGOSTO DE 2023

En el rezo de vísperas con obispos, sacerdotes, diáconos, personas consagradas, seminaristas y agentes de pastoral el papa Francisco pronunció una homilía en la invitó a los pastores a realizar su misión con amor, incluyendo a todos, "a encontrar caminos para una participación alegre, generosa y transformadora, para la Iglesia y la humanidad".

www.e-sm.net/222081_02

3. ENCUENTRO CON LOS JÓVENES UNIVERSITARIOS

DISCURSO DEL SANTO PADRE

Universidad Católica Portuguesa, Lisboa. Jueves, 3 de agosto de 2023

Queridos hermanos y hermanas: *Bom dia*!

Gracias, señora Rectora, por sus palabras. *Obrigado*. Ha dicho que todos nos sentimos "peregrinos". Es una hermosa palabra, cuyo significado merece ser reflexionado. Literalmente significa dejar de lado la rutina cotidiana y ponernos en camino con un propósito, moviéndonos "a través de los campos" o "más allá de los confines", es decir, fuera de la propia zona de confort, hacia un horizonte de sentido.

En el término "peregrino" vemos reflejada la conducta humana, porque cada uno está llamado a confrontarse con grandes preguntas que no tienen respuesta, [no tienen] una respuesta simplista o inmediata, sino que invitan a emprender un viaje, a superarse a sí mismos, a ir más allá. Es un proceso que un universitario comprende bien, porque así nace la ciencia. Y así crece también la búsqueda espiritual.

Peregrino es caminar hacia una meta o buscando una meta. Siempre está el peligro de caminar en un laberinto, donde no hay meta. Tampoco hay salida. Desconfiemos de las fórmulas prefabricadas —son laberínticas—, desconfiemos de las respuestas que parecen estar al alcance de la mano, de esas respuestas sacadas de la manga como cartas de juego trucadas; desconfiemos de esas propuestas que parece que lo dan todo sin pedir nada. Desconfiemos. La desconfianza es un arma para poder caminar adelante y no seguir dando vueltas.

Una de las parábolas de Jesús dice que el que encuentra la perla de gran valor es aquel que la busca con inteligencia y con espíritu de iniciativa, y lo da todo, arriesga todo lo que tiene para obtenerla (*cf.* Mt 13,45-46). Buscar y arriesgar: estos son los dos verbos. del peregrino. Buscar y arriesgar.

Pessoa dijo, de un modo atribulado pero acertado, que «estar insatisfecho es ser hombre» (*O Quinto Império*, en Mensagem). No debemos tener miedo de sentirnos inquietos, de pensar que lo que hemos hecho no basta. Estar insatisfechos —en este sentido y en su justa medida—, es un buen antídoto contra la presunción de autosuficiencia y contra el narcisismo. El carácter incompleto define nuestra condición de buscadores y peregrinos, como dice Jesús, "estamos en el mundo, pero no somos del mundo" (*cf.* Jn 17,16). Estamos caminando "hacia".

Estamos llamados a algo más, a un despegue sin el cual no hay vuelo. No nos alarmemos, entonces, si nos encontramos interiormente sedientos, inquietos, incompletos, deseosos de sentido y de futuro, *com saudades do futuro*! Y aquí, junto a las saudades de futuro no se olviden de mantener viva esa memoria del futuro. ¡No estamos enfermos, estamos vivos! Preocupémonos más bien cuando estamos dispuestos a sustituir el camino a recorrer por el detenernos en cualquier oasis —aunque esa comodidad sea un espejismo—; cuando sustituimos los rostros por las pantallas, lo real por lo virtual; cuando, en lugar de las preguntas que desgarran, preferimos las respuestas fáciles que anestesian; y las podemos encontrar en cualquier manual de trato social, de cómo comportarse bien. Las respuestas fáciles anestesian.

Amigos, permítanme decirles: busquen y arriesguen. En este momento histórico los desafíos son enormes, los quejidos dolorosos —estamos viviendo una tercera guerra mundial a pedacitos—, pero abrazamos el riesgo de pensar que no estamos en una agonía, sino en un parto; no en el final, sino al comienzo de un gran espectáculo. Y hace falta coraje para pensar esto. Sean, por tanto, protagonistas de una "nueva coreografía" que coloque en el centro a la persona humana, sean coreógrafos de la danza de la vida.

Las palabras de la señora Rectora han sido inspiradoras para mí, en particular cuando ha dicho que "la universidad no existe para preservarse como institución, sino para responder con valentía a los desafíos del presente y del futuro". La autopreservación es una tentación, es un reflejo condicionado del miedo, que hace mirar la existencia de un modo distorsionado. Si las semillas se preservaran a sí mismas, desperdiciarían completamente su potencia generadora y nos condenarían al hambre; si los inviernos se preservaran a sí mismos, no existiría la maravilla de la primavera. Tengan, por tanto, la valentía de sustituir los miedos por los sueños; sustituyan los miedos por los sueños, ¡no sean administradores de miedos, sino emprendedores de sueños!

Sería un desperdicio pensar en una universidad comprometida en formar a las nuevas generaciones solo para perpetuar el actual sistema elitista y desigual del mundo, en el que la instrucción superior es un privilegio para unos pocos. Si el conocimiento no es acogido como responsabilidad, se vuelve estéril. Si el que ha recibido una instrucción superior —que hoy, en Portugal y en el mundo, sigue siendo un privilegio— no se esfuerza por restituir algo de aquello con lo que ha sido beneficiado, en el fondo no ha comprendido lo que se le ha ofrecido.

Me gusta pensar que en el Génesis las primeras preguntas que Dios hace al hombre son: "¿Dónde estás?" (3,9) y "¿Dónde está tu hermano?" (4,9). Nos hará bien preguntarnos, preguntémonos: ¿dónde estoy? ¿Estoy encerrado en mi burbuja o corro el riesgo de salir de mis seguridades para ser un cristiano practicante, un artesano de la justicia, un artesano de la belleza? Y también: ¿dónde está mi hermano? Experiencias de servicio fraterno como la *Missão País*, y tantas otras que nacen en el ámbito académico, deberían ser consideradas indispensables para quien pasa por la universidad. El título de estudio, en efecto, no puede ser visto sólo como una licencia para construir el bienestar personal, no, sino como un mandato para dedicarse a una sociedad más justa, una sociedad más inclusiva, es decir, más desarrollada.

Me han dicho que una de vuestras grandes poetisas, Sophia de Mello Breyner Andresen, en una entrevista que es una especie de testamento, a la pregunta: "¿Qué le gustaría ver realizado en Portugal en este nuevo siglo?", respondió sin vacilar: "Me gustaría que se realizase la justicia social, la disminución de las diferencias entre ricos y pobres" ("Entrevista de Joaci Oliveira", en *Cidade Nova*, 3 [2001]). Les remito a ustedes esta pregunta. Ustedes, queridos estudiantes, peregrinos del saber, ¿qué quisieran ver realizado en Portugal y en el mundo? ¿Qué cambios, qué transformación? ¿Y de qué manera la universidad, sobre todo la católica, puede contribuir a esto?

Beatriz, Mahoor, Mariana, Tomás, les agradezco sus testimonios; tenían todos un tono de esperanza, una carga de entusiasmo realista, no había en ellos quejas ni tampoco ilusorias fugas hacia adelante. Ustedes quieren ser protagonistas, "protagonistas del cambio", como ha dicho Mariana. Escuchándolos, he pensado en una frase que tal vez les es familiar, del escritor José de Almada Negreiros: "Soñé con un país donde todos llegaban a maestros" (*A Invenção do Dia Claro*).

También este anciano que les habla —porque ya estoy viejo— sueña que vuestra generación sea una generación de maestros: maestros en humanidad, maestros en compasión, maestros en nuevas oportunidades para el planeta y sus habitantes, maestros de esperanza. Y maestros que defiendan la vida del planeta amenazada en este momento por una grave destrucción ecológica.

Como algunos de ustedes han evidenciado, debemos reconocer la urgencia dramática de hacernos cargo de la casa común. Sin embargo, esto no se puede hacer sin una conversión del corazón y un cambio en la visión antropológica que está en la base de la economía y de la política. No nos podemos conformar con simples medidas paliativas o con compromisos tímidos y ambiguos. En este caso, "los términos medios son sólo una pequeña demora en el derrumbe" (*Laudato si'* 194). No olviden esto. Los términos medios son sólo una pequeña demora en el derrumbe. Se trata más bien de hacerse cargo de lo que, lamentablemente, sigue siendo postergado, es decir: la necesidad de redefinir lo que llamamos progreso y evolución. Porque, en nombre del progreso, se ha abierto el camino a una gran regresión. Estudien bien esto que les digo.

En nombre del progreso, se ha abierto el camino hacia una gran regresión. Ustedes son la generación que puede vencer este desafío, tienen los instrumentos científicos y tecnológicos más avanzados, pero, por favor, no caigan en la trampa de visiones parciales. No olviden que necesitamos de una ecología integral; necesitamos escuchar el sufrimiento del planeta junto al de los pobres; necesitamos poner el drama de la desertificación en paralelo al de los refugiados, el tema de las migraciones junto al del descenso de la natalidad; necesitamos ocuparnos de la dimensión material de la vida dentro de una dimensión espiritual. No crear polarizaciones sino visiones de conjunto.

Gracias, Tomás, por haber dicho que "no es posible una auténtica ecología integral sin Dios", que "no puede haber futuro en un mundo sin Dios". Quisiera decirles que hagan creíble la fe a través de las decisiones. Porque si la fe no genera estilos de vida convincentes, no hace fermentar la masa del mundo. No basta con que un cristiano esté convencido, debe ser convincente. Nuestras acciones están llamadas a reflejar la belleza —a la vez alegre y radical— del Evangelio. Además, el cristianismo no puede plantearse como una fortaleza rodeada de muros, que alza sus bastiones frente al mundo. Por eso me pareció muy incisivo el testimonio de Beatriz, cuando dijo que precisamente "partiendo del ámbito de la cultura" se siente llamada a vivir las bienaventuranzas. En cada época, una de las tareas más importantes de los cristianos es recuperar el sentido de la encarnación. Sin la encarnación, el cristianismo se convierte en una ideología y la tentación de las ideologías cristianas, entre comillas, es muy actual; es la encarnación la que nos permite asombrarnos por la belleza que Cristo revela a través de cada hermano y hermana, de cada hombre y mujer.

A este propósito, es interesante que en la nueva cátedra dedicada a la "Economía de Francisco" ustedes hayan unido la figura de Clara. En efecto, la contribución femenina es indispensable. En el inconsciente colectivo cuántas veces está pensar que las mujeres son de segunda, son suplentes, no juegan de titulares. Y eso existe en el inconsciente colectivo. La contribución femenina es indispensable. Por lo demás, en la Biblia se ve cómo la economía de la familia está en buena parte en manos de la mujer. Ella, con su sabiduría, es la verdadera "regenta" de la casa, que no tiene como objetivo exclusivamente el beneficio, sino el cuidado, la convivencia, el bienestar físico y espiritual de todos, y además el poder compartir con los pobres y los forasteros. Y es apasionante emprender los estudios económicos desde esta perspectiva, con la intención de restituir a la economía la dignidad que le corresponde, para que no esté en manos del mercado salvaje y de la especulación.

La iniciativa del Pacto Educativo Global, y los siete principios que establecen su arquitectura, incluyen muchos de estos temas, desde el cuidado de la casa común hasta la plena participación de las mujeres, para llegar a la necesidad de encontrar nuevos modos de entender la economía, la política, el desarrollo y el progreso. Los invito a estudiar el Pacto Educativo Global, apasionarse por él. Uno de los puntos que trata es el de la educación en la acogida y la inclusión. Y no podemos fingir no haber oído las palabras de Jesús en el capítulo 25 de Mateo: "estaba de paso, y me alojaron" (v. 35).

He seguido con emoción el testimonio de Mahoor, cuando ha evocado lo que significa vivir con "el sentimiento constante de la falta de un hogar, de una familia, de unos amigos [...], de haber quedado sin casa, sin universidad, sin dinero [...], cansada y exhausta y abatida por el dolor y las pérdidas". Nos ha dicho que recuperó la esperanza porque algunos creyeron en el impacto transformador de la cultura del encuentro. Cada vez que alguien practica un gesto de hospitalidad, provoca una transformación.

Amigos, estoy muy contento de verlos como una comunidad educativa viva, abierta a la realidad, y conscientes de que el

Evangelio no es un mero adorno, sino que anima las partes y el conjunto. Sé que vuestro itinerario comprende distintos ámbitos: el estudio, la amistad, el servicio social, la responsabilidad civil y política, el cuidado de la casa común y las expresiones artísticas. Ser una universidad católica quiere decir sobre todo esto: que cada elemento está en relación con el todo y que el todo se encuentra en las partes. De ese modo, mientras se adquieren las competencias científicas, se madura como personas, en el conocimiento de sí mismos y en el discernimiento del propio camino. Camino sí, laberinto no. Entonces, ¡adelante!

Una tradición medieval cuenta que cuando los peregrinos del Camino de Santiago se cruzaban, uno saludaba al otro exclamando: "Ultreia", y el otro respondía: "et Suseia". Son expresiones de aliento para continuar la búsqueda y el riesgo de caminar, diciéndonos mutuamente: "¡Vamos, ánimo, sigue adelante!".

Y esto es lo que yo también deseo para todos ustedes con todo mi corazón. Gracias.

4. ENCUENTRO CON LOS JÓVENES DE SCHOLAS OCCURRENTES

SALUDO DEL SANTO PADRE

SEDE DE SCHOLAS OCCURENTES DE CASCAIS. JUEVES, 3 DE AGOSTO DE 2023

Encuentro con los jóvenes de Scholas Occurrentes. Estos jóvenes participaron en el proyecto "Vida entre los mundos" formado por personas de distintas nacionalidades y religiones que crearon una obra artística de aproximadamente 3 km de longitud, uno de los murales más grandes del mundo.

www.e-sm.net/222081_03

5. CEREMONIA DE ACOGIDA

DISCURSO DEL SANTO PADRE

Parque Eduardo VII, Lisboa. Jueves, 3 de agosto de 2023

Queridos jóvenes: *Boa tarde*!

Bem-vindos! Bienvenidos y gracias por estar aquí, ¡me alegra verlos! Me alegra escuchar el simpático alboroto que hacen y poderme contagiar de su alegría. Es hermoso estar juntos en Lisboa; fueron llamados por mí, por el Patriarca —a quien agradezco sus palabras—, por sus obispos, sacerdotes, catequistas, animadores. ¡Vamos a agradecerles a todos los que los llamaron y a todos los que trabajaron para posibilitar esta reunión, y lo hacemos con un fuerte aplauso! Pero, sobre todo, es Jesús quien los llamó, agradezcámosle a Jesús con otro fuerte aplauso.

Ustedes no están aquí por casualidad. El Señor los llamó, no sólo en estos días, sino desde el comienzo de sus vidas. A todos nos llamó desde el comienzo de la vida. Él los llamó por sus nombres. Escuchamos la Palabra de Dios que nos llamó por sus nombres. Intenten imaginar estas palabras escritas en letras grandes; y después piensen que están escritas dentro de cada uno de ustedes, en sus corazones, como formando el título de tu vida, el sentido de lo que sos: has sido llamado por tu nombre: vos, vos, vos, vos, acá, todos nosotros, yo, todos fuimos llamados por nuestro nombre. No fuimos llamados automáticamente, fuimos llamados por el nombre.

Pensemos esto: Jesús me llamó por mi nombre. Son palabras escritas en el corazón, y después pensemos que están escritas dentro de cada uno de nosotros, en nuestros corazones, y forman una especie del título de tu vida, el sentido de lo que somos, el sentido de lo que sos. Has sido llamado por tu nombre. Ninguno de nosotros es cristiano por casualidad, todos fuimos llamados por nuestro nombre.

Al principio de la trama de la vida, antes de los talentos que tenemos, antes de las sombras de las heridas que llevamos dentro, hemos sido llamados. Hemos sido llamados, ¿por qué? Porque somos amados. Hemos sido llamados porque somos amados. Es lindo. A los ojos de Dios somos hijos valiosos, que Él llama cada día para abrazar, para animar, para hacer de cada uno de nosotros una obra maestra única, original. Cada uno de nosotros es único y es original, y la belleza de todo esto no la podemos vislumbrar.

Queridos jóvenes: en esta Jornada Mundial de la Juventud, ayudémonos a reconocer esta realidad; que estos días sean ecos vibrantes de la llamada amorosa de Dios, porque somos valiosos a los ojos de Dios, a pesar de aquello que a veces ven nuestros ojos, a veces nuestros ojos están empañados por la negatividad y deslumbrados por tantas distracciones. Que estos sean días en los que mi nombre, tu nombre, por medio de hermanos y hermanas de tantas lenguas, tantas naciones —veíamos tantas banderas— que lo pronuncian amistosamente, resuena como una noticia única en la historia, porque único es el latido de Dios por ti. Que sean días en los que grabemos en el corazón que somos amados como somos. No como quisiéramos ser, como somos ahora.

Y este es el punto de partida de la JMJ, pero sobre todo el punto de partida de la vida. Chicos y chicas, somos amados como somos, sin maquillaje. ¿Entienden esto? Y somos llamados por el nombre de cada uno de nosotros.

No es un modo de decir, es Palabra de Dios (*cf.* Is 43,1; 2 Tim 1,9). Amigo, amiga, si Dios te llama por tu nombre significa que para Dios ninguno de nosotros es un número. Es un rostro, es una cara, es un corazón. Quisiera que cada uno vea una cosa: muchos hoy saben tu nombre, pero no te llaman por tu nombre. De hecho, tu nombre es conocido, aparece en las redes sociales, se elabora por algoritmos que le asocian gustos y preferencias. Pero todo esto no interpela tu unicidad, sino tu utilidad para los estudios de mercado. Cuántos lobos se esconden detrás de sonrisas de falsa bondad, diciendo que saben quién sos, pero que no te quieren; insinúan que creen en ti y prometen que llegarás a ser alguien, para después dejarte solo cuando ya no les interesas más.

Y estas son las ilusiones de lo virtual y debemos estar atentos para no dejarnos engañar, porque muchas realidades que hoy nos atraen y prometen felicidad después se muestran por aquello de lo que son: cosas vanas, pompas de jabón, cosas superfluas, cosas que no sirven y que nos dejan vacíos por dentro. Les digo una cosa: Jesús no es así, no es así; él confía en ti, confía en cada uno de ustedes, en cada uno de nosotros, porque para Jesús cada uno de nosotros le importamos, cada uno de ustedes le importa. Y ese es Jesús.

Y es por eso [que] nosotros, su Iglesia, somos la comunidad de los que son llamados; no somos la comunidad de los mejores, no, somos todos pecadores, pero somos llamados así como somos. Pensemos un poquito esto en el corazón: somos llamados como somos, con los problemas que tenemos, con las limitaciones que tenemos, con nuestra alegría desbordante, con nuestras ganas de ser mejores, con nuestras ganas de triunfar. Somos llamados como somos. Piensen esto: Jesús me llama como soy, no como quisiera ser. Somos comunidad de hermanos y hermanas de Jesús, hijos e hijas del mismo Padre.

Amigos, quisiera ser claro con ustedes, que son alérgicos a la falsedad y a las palabras vacías: en la Iglesia, hay espacio para todos. Para todos. En la Iglesia, ninguno sobra. Ninguno está de más. Hay espacio para todos. Así como somos. Todos. Y eso Jesús lo dice claramente. Cuando manda a los apóstoles a llamar para el banquete de ese señor que lo había preparado, dice: "Vayan y traigan a todos", jóvenes y viejos, sanos, enfermos, justos y pecadores. ¡Todos, todos, todos!

En la Iglesia hay lugar para todos. "Padre, pero yo soy un desgraciado, soy una desgraciada, ¿hay lugar para mí?". ¡Hay lugar para todos! Todos juntos, cada uno, en su lengua repita conmigo: Todos, todos, todos. No se oye, ¡otra vez! Todos. Todos. Todos. Y esa es la Iglesia, la Madre de todos. Hay lugar para todos. El Señor no señala con el dedo, sino que abre sus brazos. Es curioso: el Señor no sabe hacer esto [indica con el dedo], sino que hace esto [hace el gesto de abrazar]. Nos abraza a todos.

Nos muestra a Jesús en la cruz, que tanto abrió sus brazos para ser crucificado y morir por nosotros.

Jesús nunca cierra la puerta, nunca, sino que te invita a entrar; entrá y ve. Jesús recibe, Jesús acoge. En estos días cada uno de nosotros transmite el lenguaje de amor de Jesús. Dios te ama, Dios te llama. ¡Qué lindo es esto! Dios me ama, Dios me llama. Quiere que esté cerca de Él.

También ustedes, esta tarde, me hicieron preguntas, muchas preguntas. Nunca se cansen de preguntar. No se cansen de preguntar. Hacer preguntas es bueno; es más, a menudo es mejor que dar respuestas, porque quien pregunta permanece "inquieto" y la inquietud es el mejor remedio para la rutina, a veces una especie de normalidad que anestesia el alma.

Cada uno de nosotros tiene sus interrogantes dentro. Llevemos esos interrogantes con nosotros y llevemos en el diálogo común entre nosotros. Llevémoslos cuando rezamos delante de Dios. Esas preguntas que con la vida se van haciendo respuestas, que solamente tenemos que esperarlas. Y una cosa muy interesante: Dios ama por sorpresa. No está programado. El amor de Dios es sorpresa. Es sorpresa. Siempre sorprende. Siempre nos mantiene alertas y nos sorprende.

Queridos chicos y chicas, los invito a pensar esto tan hermoso: que Dios nos ama, Dios nos ama como somos, no como quisiéramos ser o como la sociedad quisiera que seamos. ¡Como somos! Nos llama con los defectos que tenemos, con las limitaciones que tenemos y con las ganas que tenemos de seguir adelante en la vida. Dios nos llama así. Confíen, porque Dios es Padre y es Padre que nos quiere y Padre que nos ama. Esto no es muy fácil. Y para esto tenemos una gran ayuda, la Madre del Señor. Ella es nuestra Madre también, Ella es nuestra Madre.

Solamente era esto lo que les quería decir: no tengan miedo, tengan coraje, vayan adelante, sabiendo que estamos "amortizados" por el amor que Dios nos tiene. Dios nos ama. Digámoslo juntos todos: Dios nos ama. Más fuerte, que no oigo. No se oye acá.

Gracias. Adiós.

6. ENCUENTRO CON LOS REPRESENTANTES DE ALGUNOS CENTROS DE ASISTENCIA Y CARIDAD

DISCURSO DEL SANTO PADRE

Centro Parroquial de Serafina, Lisboa. Viernes, 4 de agosto de 2023

En este discurso a los representantes de los centros de asistencia y caridad el Papa subrayó tres aspectos: hacer el bien juntos, actuar concretamente y estar cerca de los más frágiles.

www.e-sm.net/222081_04

7. VÍA CRUCIS CON LOS JÓVENES

DISCURSO DEL SANTO PADRE

Parque Eduardo VII, Lisboa. Viernes, 4 de agosto de 2023

Queridas hermanas y hermanos: ¡Buenas tardes!

Ustedes hoy van a caminar con Jesús. Jesús es el Camino y vamos a caminar con él, porque él caminó. Cuando estuvo entre nosotros, Jesús caminó. Caminó, curando a los enfermos, atendiendo a los pobres, haciendo justicia, caminó predicando, enseñándonos. Jesús camina, pero el camino que más está grabado en nuestro corazón es el camino del Calvario, el camino de la Cruz. Y hoy ustedes van con la oración, nosotros, yo también, con la oración van a renovar el camino de la Cruz. Y miremos a Jesús que pasa y caminemos con él.

El camino de Jesús es Dios que sale de sí mismo, sale de sí mismo para caminar entre nosotros. Eso que escuchamos tantas veces en la Misa: "El Verbo se hizo carne y caminó entre nosotros". ¿Se acuerdan? Y el Verbo se hizo hombre y caminó entre nosotros. Y eso lo hace por amor. Y eso lo hace por amor. Y la Cruz que acompaña cada Jornada Mundial de la Juventud es el ícono, es la figura de este camino. La Cruz es el sentido más grande del amor más grande, ese amor con que Jesús quiere abrazar nuestra vida. ¿Nuestra? Sí, pero la tuya, la tuya, la tuya, la de cada uno de nosotros.

Jesús camina por mí. Lo tenemos que decir todos. Jesús empieza este camino por mí, para dar su vida por mí. Y nadie tiene más amor que el que da la vida por sus amigos, el que da la vida por los demás. No se olviden esto. Nadie tiene más amor que el que da la vida, y esto lo enseñó Jesús. Por eso, cuando miramos al Crucificado, que es tan doloroso, una cosa tan dura, vemos la belleza del amor que da su vida por cada uno de nosotros. Decía una persona muy creyente una frase que a mí me tocó mucho. Decía así: "Señor, por tu inefable agonía, puedo creer en el amor". Señor, por tu inefable agonía, puedo creer en el amor.

Jesús camina, pero espera algo, espera nuestra compañía, espera que miremos... No sé, espera abrir ventanas de mi alma, de tu alma, del alma de cada uno de nosotros. ¡Qué feas son las almas cerradas, que siembran para adentro, sonríen para adentro! No tienen sentido. Jesús camina y espera con su amor, espera con su ternura, darnos consuelo, enjugar nuestras lágrimas.

Yo les hago una pregunta ahora, pero no la contesten en voz alta, cada uno se la contesta a sí mismo: ¿yo lloro de vez en cuando? ¿Hay cosas en la vida que me hacen llorar? Todos en la vida hemos llorado, y lloramos todavía. Y ahí está Jesús con nosotros, Él llora con nosotros, porque nos acompaña en la oscuridad que nos lleva al llanto.

Voy a hacer un poquito de silencio y cada uno le diga a Jesús por qué llora en la vida, cada uno de nosotros se lo dice ahora, en silencio.

[Momento de silencio]

Jesús, con su ternura, enjuga nuestras lágrimas escondidas. Jesús espera colmar, con su cercanía, nuestra soledad. ¡Qué tristes son los momentos de soledad! Él está ahí, él quiere colmar esa soledad. Jesús quiere colmar nuestro miedo, tu miedo, mi miedo, esos miedos oscuros los quiere colmar con su consolación. Y él espera a empujarnos a abrazar el riesgo de amar. Porque ustedes lo saben, lo saben mejor que yo: amar es riesgoso. Hay que correr el riesgo de amar. Es un riesgo, pero vale la pena correrlo, y él nos acompaña en esto. Siempre nos acompaña. Siempre camina. Siempre, a lo largo de la vida, está junto a nosotros.

Yo no quisiera abundar más cosas. Hoy vamos a hacer el camino con él, el camino de su sufrimiento, el camino de nuestras ansiedades, el camino de nuestras soledades.

Ahora, un segundito de silencio, y cada uno de nosotros piense en el propio sufrimiento, piense en la propia ansiedad, piense en las propias miserias. No tengan miedo, piénsenlas. Y piensen en las ganas de que el alma vuelva a sonreír.

[Minuto de silencio]

Y Jesús camina a la Cruz, muere en la Cruz, para que nuestra alma pueda sonreír. Amén.

8. REZO DEL SANTO ROSARIO CON LOS JÓVENES ENFERMOS

DISCURSO DEL SANTO PADRE

Capilla de las Apariciones del Santuario de Nuestra Señora de Fátima
Sábado, 5 de agosto de 2023

Queridas hermanas y hermanos: *Bom dia!*

Gracias, Mons. Ornelas, por sus palabras y gracias a todos ustedes por la presencia y la oración. Hemos rezado el Rosario, una oración bella y llena de vida, porque nos pone en contacto con la vida de Jesús y de María. Y hemos meditado los misterios gozosos, que nos recuerdan que la Iglesia puede solamente ser un hogar lleno de gozo. La pequeña capilla en la que nos encontramos es como una hermosa imagen de la Iglesia: acogedora, sin puertas. La Iglesia no tiene puertas, para que todos puedan entrar. Y aquí también podemos insistir en que todos puedan entrar, porque esta es la casa de la Madre, y una madre siempre tiene el corazón abierto para todos sus hijos, todos, todos, todos, sin exclusión.

Y estamos aquí, bajo la mirada maternal de María, estamos aquí como Iglesia, Iglesia Madre. Y la peregrinación es un rasgo mariano, porque la primera en hacer una peregrinación después de la anunciación de Jesús fue María. Apenas se enteró que su prima estaba embarazada, ya muy mayor la prima, salió corriendo. Es una traducción un poco libre, pero el Evangelio dice, "salió con apuro", nosotros diríamos, salió corriendo, salió corriendo con ese afán de ayudar, de estar presente.

Hay tantas advocaciones de María, pero una que podemos decir, también pensando, es esta: la Virgen que sale corriendo, cada vez que hay un problema, cada vez que la invocamos, no tarda, viene, se apura, "Nuestra Señora apurada", ¿les gusta eso? Lo digamos todos juntos: Nuestra Señora apurada. Se apura para estar cerca de nosotros, se apura porque es Madre. *"Apressada"*, en portugués se dice: *apressada* —me dice Mons. Ornelas—, Nuestra Señora *apressada*. Y así acompaña la vida de Jesús, y no se esconde después de la Resurrección, acompaña a los discípulos, esperando el Espíritu Santo, y acompaña a la Iglesia que empieza a crecer después de Pentecostés. Nuestra Señora *apressada* y Nuestra Señora que acompaña, siempre acompaña. ¡Nunca es protagonista! El gesto de María Madre de acoger es doble, primero acoge y después señala a Jesús. María en su vida no hace otra cosa que señalar a Jesús. "Hagan lo que él les diga", sigan a Jesús.

Estos son los dos gestos de María, pensémoslo bien: nos acoge a todos y señala a Jesús, y esto lo hace un poco apurada, *apressada*. Nuestra Señora *apressada*, que nos acoge a todos y nos señala a Jesús. Y cada vez que venimos aquí, recordamos esto: María aquí se hizo presente de una manera especial, para que la incredulidad de tantos corazones se abriera a Jesús, con su presencia nos señala a Jesús, siempre señala a Jesús. Y hoy está aquí entre nosotros, está siempre entre nosotros, pero hoy la sentimos mucho más cerca. María apurada.

Amigos, Jesús nos ama hasta tal punto de identificarse con nosotros, y nos pide que colaboremos con él, y María nos señala esto que nos pide Jesús, caminar en la vida colaborando con él. Quisiera que hoy miremos la imagen de María, y cada uno piense: ¿qué me dice María como Madre?, ¿qué me está señalando con el dedo? Nos señala a Jesús, a veces nos señala también alguna cosita que en el corazón no funciona bien, pero siempre señala. Madre, ¿qué me estás señalando a mí? Hagamos un pequeño instante de silencio, y cada uno en su corazón diga: Madre, ¿qué me estás señalando a mí? ¿Qué hay en mi vida que te preocupa? ¿Qué hay en mi vida que te conmueve? ¿Qué hay en mi vida que te interesa? Y tú lo señalas. Y ahí nos señala el corazón para que Jesús venga, y así como a nosotros nos señala a Jesús, a Jesús le señala el corazón de cada uno de nosotros.

Queridos hermanos, sintamos hoy esa presencia de María Madre, la Madre que siempre dirá "hagan lo que Jesús les diga". Nos señala a Jesús, pero la Madre que le dice a Jesús: hacé lo que este te está pidiendo. Esa es María. Esa es nuestra Madre, Nuestra Señora *apressada* para estar cerca de nosotros, que ella nos bendiga a todos. Amén.

9. VIGILIA CON LOS JÓVENES

DISCURSO DEL SANTO PADRE

Parque Tejo, Lisboa. Sábado, 5 de agosto de 2023

Queridos hermanos y hermanas: *Boa noite!*

Me da mucha alegría verlos. ¡Gracias por haber viajado, por haber caminado, gracias por estar aquí! Y pienso que también la Virgen María tuvo que viajar para ver a Isabel: "partió y fue sin demora" (Lc 1,39). Uno se pregunta: ¿por qué María se levanta y va deprisa a ver a su prima? Claro, acaba de enterarse de que la prima está embarazada, pero ella también lo está. ¿Por qué entonces va a ir si nadie se lo pidió? María realiza un gesto no pedido, no obligatorio, María va porque ama, y "el que ama, vuela, corre y se alegra" (*Imitación de Cristo*, III, 5). Eso es lo que nos hace el amor.

La alegría de María es doble: ella acaba de recibir el anuncio del ángel que iba a recibir al Redentor y también la noticia de que su prima está embarazada. Entonces, es curioso: en vez de pensar en ella, piensa en la otra. ¿Por qué? Porque la alegría es misionera, la alegría no es para uno, es para llevar algo. Yo les pregunto a ustedes: ustedes, que están aquí, que han venido a encontrarse, a buscar el mensaje de Cristo, a buscar un sentido lindo a la vida, ¿esto se lo van a quedar para ustedes o lo van a llevar a los otros? ¿Qué opinan? ¡Es para llevarlo a los otros porque la alegría es misionera! Repitamos todos juntos: ¡la alegría es misionera! Y entonces yo tengo que llevar esa alegría a los demás.

Pero esa alegría que nosotros tenemos, también otros nos prepararon para recibirla. Ahora miremos para atrás, todo lo que hemos recibido, lo que hemos recibido y han preparado, todo eso, ha preparado nuestro corazón para la alegría. Todos, si miramos hacia atrás, tenemos personas que fueron un rayo de luz para la vida: padres, abuelos, amigos, sacerdotes, religiosos, catequistas, animadores, maestros. Ellos son como las raíces de nuestra alegría. Ahora hacemos un segundo de silencio y cada uno piensa en aquellos que nos dieron algo en la vida, que son como las raíces de la alegría.

[Momento de silencio]

¿Encontraron? ¿Encontraron rostros, encontraron historias? Esa alegría que vino por esas raíces es la que nosotros tenemos que dar, porque nosotros tenemos raíces de alegría. Y también nosotros podemos ser, para los demás, raíces de alegría. No se trata de llevar una alegría pasajera, una alegría de momento. Se trata de llevar una alegría que cree raíces. Y me pregunto: ¿cómo podemos convertirnos en raíces de alegría?

La alegría no está en la biblioteca, encerrada, aunque hay que estudiar, pero está en otro lado. No está guardada bajo llave, la alegría hay que buscarla, hay que descubrirla. Hay que descubrirla en nuestro diálogo con los demás, donde tenemos que dar esas raíces de alegría que nosotros hemos recibido. Y eso, a veces, cansa. Yo les hago una pregunta: ¿ustedes se cansaron alguna vez?

Piensen lo que sucede cuando uno está cansado: no tiene ganas de hacer nada, como decimos en español, uno tira la esponja porque no tiene ganas de seguir y entonces uno se abandona, deja de caminar y cae. ¿Ustedes creen que una persona que cae en la vida, que tiene un fracaso, que incluso comete errores pesados, fuertes, ya está terminada? No. ¿Qué es lo que hay que hacer? Levantarse.

Y hay una cosa muy linda que quisiera que hoy se la llevaran como recuerdo: los alpinos, que les gusta subir montañas, tienen un cantito muy lindo que dice así: "En el arte de ascender —la montaña—, lo que importa no es no caer, sino no permanecer caído". ¡Cosa linda!

El que permanece caído se "jubiló" de la vida ya, cerró, cerró la esperanza, clausuró la ilusión y ahí queda caído. Y cuando vemos alguno —amigos nuestros que están caídos—, ¿qué tenemos que hacer? Levantarlo. Fíjense cuando uno tiene que levantar o ayudar a levantar a una persona qué gesto hace: lo mira de arriba hacia abajo. La única oportunidad, el único momento que es lícito mirar a una persona de arriba abajo es para ayudar a levantarse. ¡Cuántas veces vemos gente que nos mira así, por sobre el hombro, de arriba para abajo! Es triste. La única manera en que es lícito, la única situación en que es lícito mirar a una persona de arriba para abajo es —lo digan ustedes— para ayudar a levantarse.

Bueno, esto es un poco el camino, la constancia en caminar. Y en la vida, para lograr las cosas hay que entrenarse en el camino. A veces no tenemos ganas de caminar, no tenemos ganas de hacer esfuerzos, nos copiamos en los exámenes porque no queremos estudiar y no llegamos al éxito. No sé si a algunos les gusta el fútbol. A mí me gusta. Detrás de un gol, ¿qué hay? Mucho entrenamiento. Detrás de un éxito, ¿qué hay? Mucho entrenamiento.

Y en la vida, no siempre uno puede hacer lo que quiere, sino aquello que la vocación que tengo dentro —cada uno tiene su vocación— nos lleva a hacer. Caminar; si me caigo, levantarme o que me ayuden a levantarme; no permanecer caído; y entrenarme, entrenarme en el camino. Y todo esto es posible, no porque hagamos cursos sobre el camino —no hay ningún curso para enseñarnos a caminar en la vida—. Eso se aprende, se aprende de los padres, se aprende de los abuelos, se aprende de los amigos, llevándose de la mano mutuamente. En la vida se aprende, y eso es entrenamiento en el camino.

Yo los dejo con esta idea nomás: caminar y, si uno se cae, levantarse; caminar con una meta; entrenarse todos los días en la vida. En la vida, nada es gratis. Todo se paga. Sólo hay una cosa gratis: el amor de Jesús. Entonces, con esto gratis que tenemos —el amor de Jesús— y con las ganas de caminar, caminemos en esperanza, miremos nuestras raíces y vayamos adelante, sin miedo.

No tengan miedo. ¡Gracias! ¡Chau!

10. SANTA MISA PARA LA JORNADA MUNDIAL DE LA JUVENTUD

HOMILÍA DEL SANTO PADRE

Parque Tejo, Lisboa. Fiesta de la Transfiguración del Señor
Domingo, 6 de agosto de 2023

"Señor, ¡qué bien estamos aquí!" (Mt 17,4). Estas palabras, le dijo el apóstol Pedro a Jesús en el monte de la Transfiguración, y también las queremos hacer nuestras después de estos días intensos. Es hermoso lo que estamos experimentando con Jesús, lo que hemos vivido juntos y es hermoso cómo hemos rezado, y con tanta alegría de corazón. Y entonces nos podemos preguntar: ¿qué nos llevamos con nosotros volviendo a la vida cotidiana?

Quisiera responder a este interrogante con tres verbos, siguiendo el Evangelio que hemos escuchado. ¿Qué nos llevamos? Resplandecer, escuchar y no tener miedo. ¿Qué nos llevamos?, respondo con estas tres palabras: Resplandecer, escuchar y no tener miedo.

Primera, **resplandecer**. Jesús se transfigura, el Evangelio dice que "su rostro resplandecía como el sol" (Mt 17,2). Hacía poco que había anunciado su pasión y su muerte en la cruz, y con esto rompía la imagen de un Mesías poderoso, mundano, y frustra las expectativas de los discípulos. Ahora, para ayudarlos a acoger el proyecto de amor de Dios sobre cada uno de nosotros, Jesús toma a tres de ellos —Pedro, Santiago y Juan—, los conduce a un monte y se transfigura. Y este "baño de luz" los prepara para la noche de la pasión.

Amigos, queridos jóvenes, también hoy nosotros necesitamos algo de luz, un destello de luz que sea esperanza para afrontar tantas oscuridades que nos asaltan en la vida, tantas derrotas cotidianas para afrontarlas con la luz de la resurrección de Jesús, porque Él es la luz que no se apaga, es la luz que brilla aun en la noche. "Nuestro Dios ha iluminado nuestros ojos" (Esd 9,8), dice el sacerdote Esdras. Nuestro Dios ilumina. Ilumina nuestra mirada, ilumina nuestro corazón, ilumina nuestra mente, ilumina nuestras ganas de hacer algo en la vida, siempre con la luz del Señor.

Pero quisiera decirles que no nos volvemos luminosos cuando nos ponemos debajo de los reflectores, no, eso encandila. No nos volvemos luminosos cuando mostramos una imagen perfecta, bien prolijitos, bien terminaditos; no, no, aunque nos sintamos fuertes y exitosos. Fuertes y exitosos, pero no luminosos. Nos volvemos luminosos, brillamos, cuando, acogiendo a Jesús, aprendemos a amar como Él. Amar como Jesús, eso nos hace luminosos, eso nos lleva a hacer obras de amor. No te engañes, amiga, amigo, vas a ser luz el día que hagas obras de amor. Pero cuando en vez de hacer obras de amor hacia afuera, mirás a vos mismo, como un egoísta, ahí la luz se apaga.

El segundo verbo es **escuchar**. En el monte, una nube luminosa cubrió a los discípulos, y esa nube desde la cual habla el Padre, ¿qué dice? "Escúchenlo" (Mt 17,5). Este es mi Hijo amado, escúchenlo. Está todo aquí, y todo eso que hay que hacer en la vida está en esta palabra: Escúchenlo. Escuchar a Jesús, todo secreto está ahí. Escuchás qué te dice Jesús. "Yo no sé qué me dice". Agarrá el Evangelio y leé lo que dice Jesús y lo que dice en tu corazón. Porque él tiene palabras de vida eterna para nosotros; él revela que Dios es Padre, es amor. Él nos enseña el camino del amor, escúchalo a Jesús. Porque, por ahí nosotros con buena voluntad emprendemos caminos que parecen ser del amor, pero en definitiva son egoísmos disfrazados de amor. Tené cuidado con los egoísmos disfrazados de amor. Escúchalo, porque él te va a decir cuál es el camino del amor. Escúchalo.

Resplandecer, la primera palabra, sean luminosos, escuchar, para no equivocarse el camino, y al final, la tercera palabra, **no tener miedo**. "No tengan miedo". Una palabra que en la Biblia se repite tanto, en los Evangelios, "no tengan miedo". Estas fueron las últimas palabras que en este momento de la transfiguración Jesús dijo a los discípulos: "No tengan miedo".

A ustedes, jóvenes, que han vivido este gozo, estaba por decir esta gloria —bueno, algo de gloria es—, este encuentro con nosotros; a ustedes que cultivan sueños grandes pero a veces ofuscados por el temor de no verlos realizarse; a ustedes, que a veces piensan que no serán capaces, un poco de pesimismo se nos mete a veces; a ustedes, jóvenes, tentados en este tiempo por el desánimo, por juzgarse quizás fracasados o por intentar esconder el dolor disfrazándolo con una sonrisa; a ustedes, jóvenes, que quieren cambiar el mundo —y está bien que quieran cambiar el mundo— y que quieren luchar por la justicia y la paz;

a ustedes, jóvenes, que le ponen ganas y creatividad a la vida, pero que les parece que no es suficiente; a ustedes, jóvenes, que la Iglesia y el mundo necesitan [como] la tierra necesita la lluvia; a ustedes, jóvenes, que son el presente y el futuro; sí, precisamente a ustedes, jóvenes, [Jesús] hoy les dice: "No tengan miedo".

En un pequeño silencio, cada uno repita para sí mismo, en su corazón, estas palabras: No tengan miedo.

Queridos jóvenes, quisiera mirar a los ojos a cada uno de ustedes y decirles: no tengan miedo. No tengan miedo. Es más, les digo algo muy hermoso, ya no soy yo, es Jesús mismo quien los está mirando en este momento. Nos está mirando. Él los conoce, conoce el corazón de cada uno de ustedes, conoce la vida de cada uno de ustedes, conoce las alegrías, conoce las tristezas, los éxitos y los fracasos, conoce el corazón de ustedes. Lee vuestros corazones y él hoy les dice, aquí, en Lisboa, en esta Jornada Mundial de la Juventud: "No tengan miedo".

Anímense, "no tengan miedo".

11. ENCUENTRO CON LOS VOLUNTARIOS DE LA JMJ

DISCURSO DEL SANTO PADRE
Paseo marítimo de Algés. Domingo, 6 de agosto de 2023

Queridos amigos: *Bom dia e obrigado*!

Gracias al Patriarca de Lisboa por sus palabras, a Mons. Aguiar y a todos ustedes por haber trabajado tanto y tan bien, hicieron posibles estos días inolvidables. Han trabajado durante meses, discretamente, sin ruido ni protagonismos, para que todos pudiéramos estar aquí cantando juntos: "Jesús vive y no nos deja solos: ya no dejaremos de amar". No solo eso, han sido un ejemplo de equipo trabajando juntos. Y ustedes, más que un trabajo, ha sido un servicio, gracias.

El servicio que hizo la Virgen María, que "se levantó y partió sin demora" (Lc 1,39) a servir a su prima Isabel, sintiendo la urgencia de compartir la alegría en el servicio. Compartir la alegría y el servicio, la alegría en el servicio. Pensemos en Zaqueo, que se subió a un árbol para ver a Jesús y se bajó rápido. Algo lo había tocado, quería encontrar a Jesús y recibirlo en su casa (*cf*. Lc 19,6); pensemos en las mujeres y en los discípulos, que en Pascua corrieron del cenáculo a la tumba, y luego volvieron para anunciarles a los demás que Cristo había resucitado (*cf*. Jn 20,1-18).

Quien ama no se queda de brazos cruzados, quien ama, sirve, y quien ama corre a servir, corre a entregarse en el servicio a los demás. Y ustedes, corrieron, ¡eh! Corrieron bastante en estos meses. Yo pude ver el final nomás, en estos días. Ver mientras respondían a mil necesidades, a veces con la cara marcada por el cansancio, otras veces un poco abrumados por las urgencias del momento, pero siempre noté una cosa, que tenían los ojos luminosos, luminosos por la alegría del servicio. ¡Gracias!

Ustedes posibilitaron este encuentro Mundial de la Juventud, hicieron grandes cosas pero con gestos pequeños, como ofrecer una botella de agua a un desconocido, y eso crea amistad. Ustedes corrieron mucho, pero no con la carrera frenética y sin rumbo que a veces es la que nos pide este mundo, no. Ustedes corrieron de otro modo.

Corrieron una carrera que lleva al encuentro con los demás, para servir a los demás en nombre de Jesús. Y ustedes vinieron a Lisboa para servir y no para ser servidos! ¡Gracias! ¡Muchas gracias!

Y ahora quisiera ser yo el amplificador, para que resuene lo que nos han dicho los testimonios, los testimonios de Chiara, Francisco y Filipe. Los tres nos hablaron de un encuentro especial con Jesús. Nos han recordado que el encuentro más hermoso, el motor de todos los demás, el que nos hace caminar en serio, que lleva adelante la vida, es con Jesús. Es el encuentro más importante de nuestra vida. Renovar cada día el encuentro personal con Jesús es el centro de la vida cristiana. Y hay que renovarlo cada día para mantenerlo fresco, no sólo en la cabeza sino en el corazón.

Experimentamos que un pequeño "sí" a Jesús puede cambiar la vida. Pero también los "sí" dichos a los demás hacen bien, cuando son para el servicio. Ustedes en los momentos de cansancio se animaron y siguieron diciendo "sí" para servir a los demás. ¡Gracias por esto!

Y tú, Francisco, dijiste que aquí has encontrado algo que necesitabas y que ni siquiera buscabas. Caminando, trabajando, rezando con los demás, entendiste que no te podías dejar encarcelar por el caos, por las "camas deshechas" del pasado, ni vivir con el corazón atormentado por los sentimientos de imperfección, sino que, con la ayuda de Jesús y de los hermanos, se te daba la oportunidad de reordenar "la habitación de tu vida".

Esto es muy hermoso, esta Jornada sirve, ayuda tanto para reordenar nuestra vida. ¿Por qué, por la Jornada? No. Por Jesús que está acá en medio de nosotros y se nos muestra. Para poner orden en nuestra vida no sirven las cosas, no sirven las distracciones, no sirve el dinero. Es necesario dilatar el corazón, y si ustedes dilatan el corazón van a poner en orden la vida de ustedes. No tengan miedo, dilaten el corazón.

Y finalmente tú, Filipe, entre las muchas experiencias hermosas que has compartido, has dicho una que quiero subrayar: has dicho que has vivido aquí un doble encuentro, un encuentro con Jesús y un encuentro con los demás. Encontrarte con Jesús y encontrarte con los demás. Esto es muy importante.

El encuentro con Jesús es un momento personal, único, que se puede describir y contar sólo hasta cierto punto, pero siempre llega gracias a un camino recorrido en compañía, realizado gracias a la ayuda de los demás. Encontrar a Jesús y encontrarlo en el servicio a los demás.

Amigos, para finalizar, quisiera dejarles una imagen. Como muchos de nosotros sabemos, al norte de Lisboa hay una localidad, Nazaré, donde se pueden admirar olas que llegan hasta treinta metros de altura y son una atracción mundial, especialmente para los surfistas que las desafían. En estos días también ustedes han afrontado una verdadera ola; no de agua, sino de jóvenes, jóvenes como ustedes que han inundado esta ciudad. Pero, con la ayuda de Dios, con mucha generosidad y apoyándose mutuamente, ustedes han desafiado esta gran ola. Fíjense que son valientes. ¡Gracias, *obrigado*!

Quiero decirles que sigan así, siganse manteniéndo en las olas del amor, en las olas de la caridad, ¡sean "surfistas del amor"! Y eso es como una tarea que les encomiendo en este momento. Que el servicio que han hecho a esta Jornada Mundial de la Juventud sea la primera de muchas olas de bien; y cada vez serán llevados más alto, más cerca de Dios, y esto les va a permitir desde una mejor perspectiva ver el camino de ustedes.

Gracias a todos ustedes. ¡Buen camino!

Y les pido, que recen por mí. ¡Gracias!

12. CONFERENCIA DE PRENSA DEL SANTO PADRE DURANTE EL VUELO DE REGRESO

Domingo, 6 de agosto de 2023

En viaje de vuelta al Vaticano su santidad mantuvo una rueda de prensa en la que fue preguntado por temas diversos. Desde la renovación pública de la oración por la paz en el Santuario de Fátima hasta la lucha contra la depresión que viven muchos jóvenes.

www.e-sm.net/222081_05

CATEQUESIS DE DON FRANCISCO JMJ LISBOA 2023

Evangelio de las Bodas de Caná de Galilea
(Jn 2,1-12)

Estamos en este clima de oración, en este lugar privilegiado mirando al mar. La oración de esta catequesis es amar donde estamos. Estamos muy cerquita del papa.

¿Qué se os ocurre a vosotros leyendo el texto del evangelio? Si lo tenemos a mano. San Juan, dice Evagrio Pontico, es el evangelista más profundo porque escribió el evangelio recostando su cabeza sobre el corazón de Jesús. Por tanto, desde ahí Juan escribe este evangelio. Y habla de una boda. Mirad después de escuchar este evangelio tan magnífico. Uno piensa que Cristo está en todas las alegrías humanas. Porque es verdad que las alegrías humanas terminan como el vino en la boda. Es verdad que Jesús no comienza su vida en las sinagogas o en el templo. Comienza su vida en una boda. Algo tan sencillo, tan humano...

Tres días después. ¿Qué os recuerda a vosotros tres días después? Lo que nos recuerda es la resurrección de Cristo. Un momento de plenitud, un momento importante. Es un momento clave. Tres días después de una boda y faltó el vino. Dicen los judíos que cuando se acaba el vino se acaba la fiesta. Por eso era tan importante que no faltase el vino.

Primero. Seguramente que muchos de vosotros habéis estado en muchas bodas. **Faltó el vino.** Fijaros. María se da cuenta de lo que falta. Porque tiene esta amistad social. María se da cuenta. Todos tenían mucho que hacer. Muchos cantando. María ve que algunos se ponen nerviosos. Que empiezan a murmurar: ¿Qué pasará? ¿Por qué la Virgen se da cuenta? Por qué María está de corazón ¿Por qué María se da cuenta? Porque es una mujer de oración, es una mujer contemplativa, es una mujer que es lo que los santos llaman conjunto de la vida. Que es lo que da la vida de oración, la vida de intimidad con Jesús.

Cuando uno tiene relación con Jesús tiene una visión de conjunto. Si uno lee el texto de historia de un alma de santa Teresita de Jesús que dicen que es uno de los textos más leídos después de la Biblia. Una carmelita descalza que Juan Pablo II la proclamó en París como doctora de la Iglesia. Como también otros santos Carlos Acutis dice que hay que estar en medio del mundo no como fotocopias, sino como originales porque Dios tiene un proyecto para cada uno de nosotros. Sobre como tiene con cada uno de estos jóvenes. No fotocopias. Cada uno de nosotros somos únicos e irrepetibles. Y esto es precioso. María está así.

Y dice santa Teresita de Jesús: "cuando yo era pequeña, con seis años". Fijaos cómo Dios se puede manifestar a alguien con seis añitos. Y Dios ya la elige para ser carmelita. Fijaos que Dios la elige para ser santa. Santa Teresita dice que le gustaba ir mucho a un parque y sostenida en un árbol veía una escena en conjunto. Veía en esa escena a los mayores, veía a los pájaros, contemplaba a los jóvenes, contemplaba a los que se reían. Tenía ella una visión en conjunto. Esto es María.

La amistad social. Una persona que no tenga vida de oración, vida de contemplación, ¿qué puede descubrir?: ¿que falta el vino?, ¿que faltan las necesidades humanas? Mirad, el Vaticano II dice que todo lo humano debe ser vivido. Esto es lo que nos recuerda María. Esto es lo que nos recuerda María en Caná. Todo lo humano debe ser digno de vivir. Así es como el papa Francisco nos invita a vivir: alegría, dolor, esperanza, problemas. Lo que estamos viviendo en esta Jornada Mundial de la Juventud. Una Iglesia peregrina. Que tenemos cansancios, que tenemos fríos, que vivimos siempre lo mismo. Que parece que no podemos más. Que no tienen vino. María en Caná, Carlo Acutis, Teresita del Niño Jesús. Tantos y tantos místicos.

Como el Hermando Rafael Arnaíz Barón. Ahí él también desde su árbol de la oración, desde su árbol de la contemplación tiene y descubre la necesidad del mundo. ¿Queréis descubrir la necesidad del mundo? ¿Queréis descubrir lo que le falta a la sociedad? ¿Queréis descubrir vuestra vocación en el encuentro con Jesús? Desde esa vida de encuentro de intimidad con Jesús, y en el trato de amistad con quien os ama, buscaremos la solución: No tienen vino. No tenemos vino. Esta amistad social que era tan importante y tan grave en la boda porque empezarían a hablar. Y a lo mejor hasta los invitados estaban ya cansados y querían que se acabara la fiesta. El faltar el vino era aguar la fiesta. Y Dios no quiere aguar la fiesta de la vida. Dios es de la fiesta de la vida.

Lo *segundo* es que **María podía acabar con el problema**. Podía decir: "parece que el problema es que los comensales entran y salen, esto no tiene solución". Hay muchos jóvenes que están sentados y miran desde el sillón. Que no les importa nada. Y miran el mundo allá guerras o no en Ucrania. Les da igual. Pero también hay personas en esta amistad social, según dice el papa Francisco en la *Fratelli tutti*, que es lo que hace María. Son hombres y mujeres de oración y descubren lo que hace María: ponen solución. Es gente comprometida.

Vosotros tenéis que ser un evangelio vivo. Que cuando descubren la amistad con Jesús, cuando descubren la ternura de Jesús. No tenemos vino. María va a Jesús. Y eso que, aparentemente, lo que hemos escuchado —la traducción— no está bien hecha: María no le dice a Jesús: "¿A ti y a mí que nos importa?", sino lo que viene a decir es que tienen una relación de madre a hijo porque María ha llegado de Caná como madre y va a salir de Caná como discípula, seguidora de Jesús. Y cuando llegue por los caminos del mundo como seguidora de Jesús, como discípula de la cruz, otra vez Jesús la va a hacer "madre de toda la humanidad" para crear esa fraternidad que necesitamos.

Dice el papa en la *Fratelli tutti* que todos somos un todo de la fraternidad cuando todos somos conscientes de un mismo Padre y de una misma madre. Somos hermanos y creamos fraternidad. María se compromete: No tenemos vino. Hay alguien que tiene la solución y va a Jesús. Podía haber dicho: "¿Qué hago?" Y compromete María a otros.

Tercero. ¿Cuál es la tercera clave para vivir los jóvenes? **"Haced lo que él os diga"**. Fijaros que esta es la solución de testamento de María. ¿Vosotros sabéis lo que es un testamento? Un testamento es aquello que son las últimas voluntades. Pues las últimas voluntades de María son "haced lo que él os diga". Ya no vuelve a decir María ninguna palabra jamás. Encontradme después de esto alguna palabra de María. María es la mujer del silencio. La mujer de la contemplación. La Virgen que crea fraternidad. Aquí están las alegrías humanas. La Virgen que escucha la Palabra.

Decía Pablo VI María es la que escucha, la que busca soluciones. Hay mucha gente que busca soluciones y las soluciones las pone en otras cosas. Nosotros sabemos que la solución está en "haced lo que él os diga". ¿Qué te va a decir el Señor? Dios tiene un proyecto de felicidad sobre cada uno de nosotros. Serás feliz si tú le dejas a Jesús como ha ocurrido en todas las Jornadas Mundiales de la Juventud.

Y todo esto significa que yo tengo que decirle a alguien lo que él os diga. Decirle mucho al Señor que nos ayude a escucharle, a vivir con María, a acercarnos a él. A crear en nuestras parroquias, en nuestros grupos otras relaciones. El papa Francisco nos dice que otro mundo será posible. Pero claro otro mundo será posible si vosotros los jóvenes construimos esa civilización del amor.

Por eso os dejo ahora que el Espíritu Santo suscite en nuestro corazón esa alegría. Que suscite lo que esta catequesis ha querido realizar. Lo primero, esa dimensión orante para descubrir una relación personal con Jesús. Eso es la amistad social. Para acercarte al ser humano. No te acercarás sino en el sufrimiento humano. A veces venimos a estas Jornadas de la Juventud y descubrimos cansancios y sufrimientos. Hemos de ir más allá.

Segundo, comprometernos. María se compromete. No se queda ahí. No mira a otro lado. María se compromete. ¿Cómo vives tú tu compromiso en tu parroquia y en tu grupo? ¿Vas a quien tiene la solución? ¿O vas buscando soluciones en quienes se acaban como el agua o como el vino? Se acaban acabando el vino. Fijaos que dice san Juan que es un vino bueno, el vino del amor, de la alegría y de la esperanza.

Y lo tercero es el testamento espiritual: "Haced lo que él os diga". Dios tiene un proyecto de amor sobre ti que es hacerte inmensamente feliz. La felicidad del cristianismo es con Cristo, por Cristo y en Cristo. Es una felicidad que nunca acaba. Desde que conocí a Cristo no ha habido un día que no haya sido inmensamente feliz. Porque vivir sin él es una inmensa tristeza. Solo se tiene el gozo de seguir a Cristo cuando con María hacemos lo que él nos diga.

✠ Francisco Cerro Chaves
Obispo de Toledo
Primado de España

Epílogo

"Quiero decirles que sigan así, síganse manteniendo en las olas del amor, en las olas de la caridad, ¡sean «surfistas del amor»! Y eso es como una tarea que les encomiendo en este momento. Que el servicio que han hecho a esta Jornada Mundial de la Juventud sea la primera de muchas olas de bien; y cada vez serán llevados más alto, más cerca de Dios, y esto les va a permitir desde una mejor perspectiva ver el camino de ustedes".

(Papa Francisco, *Encuentro con los voluntarios*, 6 de agosto de 2023)

A modo de epílogo de este libro que tienes en tus manos, me gustaría resumirlo con esta expresión del papa Francisco en el encuentro con los voluntarios de la JMJ, y dirigirme de una manera especial a los agentes de la Pastoral con jóvenes: "¡Sean surfistas del amor!". ¿Por qué? Te comparto estos consejos para ser un buen surfista y respondo a esa pregunta:

Un buen surfista:

1. *Presta atención.* Un buen surfista siempre presta atención. Observa y conoce dónde rompen las olas. En nuestra vida cristiana, como agentes de pastoral con jóvenes, hemos de estar atentos, observar y conocer dónde están los jóvenes, conocer sus lenguajes, sus inquietudes. Es importante que no seamos ajenos a la realidad de los jóvenes, debemos quererlo y buscar que se sientan queridos. "En la Iglesia ninguno sobra, ninguno está de más. Hay espacio para todos" (Papa Francisco, *Ceremonia de acogida*, 3-agosto-23)

2. *Mira al mar a diario.* Aunque hoy en día hay cantidad de apps que nos indican cómo está el tiempo, un buen surfista mira el mar a diario. No buscamos una pastoral de espacios sino de procesos, y los procesos requieren tiempo, presencia, día a día. Paso a paso se hace el camino. Los procesos son lentos y ya no lineales, sino con muchos altibajos, hay días con olas y días de calma… "La alegría hay que buscarla, hay que descubrirla" (Papa Francisco, *Vigilia*, 5-agosto-23).

3. *Conoce su nivel y sus limitaciones.* Es importante saber qué puedes hacer, pero más aún qué no puedes hacer. El responsable de Pastoral con jóvenes no debe confundirse con un joven más, sino que debe acompañar a los jóvenes. "Dios nos ama como somos, no como quisiéramos ser o como la sociedad quisiera que seamos. ¡Como somos!" (Papa Francisco, *Ceremonia de acogida*, 3-agosto-23).

4. *Es humilde.* Un gran surfista no debe dejar que las adulaciones alimenten su ego hasta hacerlo protagonista. La pastoral con jóvenes es una pastoral de fundamento: el encuentro con Cristo. Es lo que buscamos para cada joven. Debemos conducir a los jóvenes a la intimidad de Dios. "Han sido un ejemplo de equipo trabajando juntos. Pero el de ustedes, más que un trabajo, ha sido un servicio" (Papa Francisco, *Encuentro con los voluntarios*, 6-agosto-23).

5. *Es ambicioso.* Sabemos que puede parecer contrario al punto anterior… ¡pero en realidad es complementario! Además de ser humilde, un gran surfista debe ser suficientemente ambicioso como para querer superar sus límites una y otra vez. Hoy día adolecemos de animadores de pastoral con jóvenes. Cada vez es más difícil encontrar en la Iglesia gente preparada para trabajar en este campo. Un responsable de la pastoral con jóvenes debe tener la capacidad de influir en la vida de los jóvenes. "Tengan el coraje de sustituir los miedos por los sueños. Sustituyan los miedos por los sueños, ¡no sean administradores de miedos, sino emprendedores de sueños!" (Papa Francisco, *Encuentro con universitarios*, 3-agosto-23).

Con estas cinco características de un buen surfista he querido dibujar a grandes rasgos el perfil del acompañante en la pastoral con jóvenes, recogiendo las ideas expresadas por nuestro Arzobispo en su *Carta pastoral*, acompañadas de algunas frases de los distintos mensajes del papa Francisco en la JMJ de Lisboa 23.

Espero que la lectura de este libro nos ayude a descubrir aquello que la exhortación postsinodal *Christus vivit* nos decía del acompañamiento y su finalidad: acompañar para discernir. En este sentido, la Iglesia es vista como "casa del acompañamiento y ambiente de discernimiento".

Enrique del Álamo González
Vicario Episcopal para Laicos, Familia y Vida

ÍNDICE

CARTA PASTORAL
A LOS SACERDOTES, MIEMBROS DE LA VIDA CONSAGRADA
Y FIELES LAICOS DE LA ARCHIDIÓCESIS DE TOLEDO
La dimensión vocacional de la Pastoral de Adolescencia y Juventud
(Página 9)

FICHAS DE TRABAJO

(Página 89)

DOCUMENTOS ADICIONALES

(Página 119)